TRABALHO DE BASE

Ranulfo Peloso (org.)

TRABALHO DE BASE

(Seleção de roteiros organizados pelo Cepis)

1ª edição
Expressão Popular
São Paulo – 2012

Revisão: Maria Elaine Andreoti e Marina Tavares Ferreira
Capa, projeto gráfico e diagramação: Zap Design
Imagem da capa: Diego Rivera
Impressão e acabamento: Paym

Dados Internacionais de Catalogação-na-Publicação (CIP)

T758 Trabalho de base: seleção de roteiros organizados pelo Cepis / Ranulfo Peloso (org.). --1.ed.--São Paulo : Expressão Popular, 2012.
152p.

Indexado em GeoDados - http://www.geodados.uem.br.
ISBN 978-85-7743-205-9

1. Trabalho de base. 2. Educação popular. 3. Trabalho popular. I. Peloso, Ranulfo, org. II. Título.

CDD 370

Bibliotecária: Eliane M. S. Jovanovich CRB 9/1250

1ª edição: julho de 2012
7ª reimpressão: outubro de 2024

EXPRESSÃO POPULAR
Alameda Nothmann, 806, Campos Elíseos
CEP 01216-001 – São Paulo – SP
atendimento@expressaopopular.com.br
www.expressaopopular.com.br
ed.expressaopopular
editoraexpressaopopular

Sumário

TRABALHO DE BASE

Abertura

Educação Popular é o esforço de mobilização, organização e capacitação das classes populares para o exercício do poder. Esta concepção de formação opta por um dos polos da luta de classe, opta por quem se dispõe a um processo de transformar, pela raiz, a estrutura da sociedade capitalista. *Quem faz só pedagogia, só metodologia, sem visão política, faz a contraeducação popular.*

Educação Popular é ferramenta político-pedagógica que contribui: na divulgação e recriação do conhecimento; na construção e implantação da estratégia de uma organização popular; na qualificação de militantes para a luta de classes; na elevação do nível de consciência da classe oprimida e na incorporação do povo como protagonista; na tradução das ideias e na aplicação da metodologia popular, com o compromisso da multiplicação criativa.

Como *só o conhecimento liberta,* não pode existir Educação Popular fora dos processos de luta popular. Assim, a luta popular é a Educação Popular aplicada, pois, *quem sabe como fazer, mas nunca fez, ainda não sabe.* A luta popular articula a ação de *dar o peixe* para quem tem fome, de *ensinar a pescar* para quem precisa sair da dependência e de elaborar uma estratégia para *tomar de volta os rios* que se tornaram propriedade privada.

O trabalho de base é parte indispensável da luta popular. O trabalho de base é a condição e o sustento do trabalho político e do trabalho de massa; o trabalho político e o trabalho de massa devem ser a expressão e a consequência do trabalho de base. O trabalho de base é a ação política transformadora, realizada por militantes de uma organização popular, que mete o corpo em uma realidade concreta, para despertar, organizar o povo na solução de problemas do cotidiano e ligar essa luta *à* luta geral contra a opressão.

O trabalho de base só pode ser feito por militantes. Militante é alguém nascido do povo, que coloca sua vida a serviço desse povo e une seu projeto de vida pessoal ao projeto da luta coletiva. Militante tem causa, projeto, estratégia, método e participa de uma organização. Militante não se elege; se reconhece pela sua entrega, disposição e preparo. *Essa primazia não é o resultado de seus desejos, mas da confiança das pessoas em sua inteligência, energia e devotamento.*

Retomar o trabalho de base não é agitação e propaganda. Também não é a repetição saudosa de práticas do passado, nem é o *basismo*, forma disfarçada de autoritarismo, que trata o povo como *incompetente* e elogia suas ações espontâneas. Retomar o trabalho de base é **resgatar** uma **estratégia**, um caminho de luta e organização que *envolve os próprios interessados* no conhecimento e na solução de seus desafios e aponta para uma nova ordem social, alternativa ao capitalismo.

A luta popular é uma soma de *utopia, ciência e arte*. Os roteiros seguintes, usados em várias ocasiões, com diversos grupos e diferentes níveis de consciência, falam dessa prática de luta e de organização popular. Mas o trabalho de base não uma "*tática*" para atrair o povo; é uma paixão indignada e cheia de ternura que incorpora a vontade individual à teoria, à ciência e à criatividade, é uma paixão assumida e recriada por militantes que *se entregam* pelo projeto de vida solidária, fraterna e livre.

Esse *modo apaixonado de crer no povo e de multiplicar os esclarecimentos* invade o coração da militância e alimenta *sua convicção* de forma *contagiante*. É um jeito de fazer política na qual as pessoas colocam sua alma. Este *segredo* torna-se a força interior que a impulsiona, principalmente nos momentos de dor, de dúvida e de derrotas. Mas está presente na alegria de viver, na disposição de luta, na esperança sem ilusões, nos símbolos, na beleza, nas celebrações e, sobretudo, no *companheirismo*.

A RETOMADA DO TRABALHO DE BASE

Achavam-se agrupados e presos à terra, por uma raiz comum, como uma moita de bambu. E, como esse vegetal, inclinavam-se e dobravam-se. Mas sobreviviam às maiores tempestades.

O Embaixador (Morris West)

Santarém, Pará, 16 de janeiro de 1984.

As forças contrárias ao esclarecimento e à organização camponesa haviam se combinado para intervir no Sindicato dos Trabalhadores Rurais. A vitória da Chapa 2 tinha ficado atravessada na garganta dos "pelegos". O ex-"dono" do sindicato aliou-se a um advogado oportunista, apoiou-se em alguns líderes religiosos conservadores, e, juntos, montaram um processo de anulação das eleições. Essa armação teve a cobertura da Delegacia Regional do Ministério do Trabalho, de fazendeiros, da Federação dos Agricultores do Estado, do Incra e da maioria dos partidos políticos do município.

Uma semana antes, sentindo a ameaça de intervenção, várias delegacias sindicais fizeram coletas e viajaram até 310 km de distância para uma vigília permanente. A conversa era: *que fazer com o sindicato nas mãos ou com o sindicato sob intervenção*? E o grito de guerra era a música da última campanha: "Quem quiser meter a cara, pode meter pra apanhar. Pois, o sindicato é nosso, não vamos mais entregar. Se você está duvidando, não se arrependa depois. Os sócios comprometidos vão lutar com a Chapa 2!"

Na véspera da intervenção, enquanto uns vigiavam a sede, cerca de 1.500 camponeses, homens e mulheres, fizeram uma passeata no centro da cidade e acamparam em frente à Delegacia do Trabalho. À tarde, chegou a notícia de que a Polícia Federal, apoiada pela Polícia Militar, fortemente armada, ia dar posse ao trio de interventores. A multidão de camponeses rapidamente voltou para a sede. Os três interventores indicados pelo prefeito tremiam diante do povo. Um, muito religioso, era cabo eleitoral do PDS (hoje PP); o outro, um ex-delegado sindical expulso; e o terceiro, um diretor do Mercado Municipal que respondia processo por desfalque.

Em torno das 17 horas, a Polícia Federal, empurrando os interventores com metralhadoras, aproximou-se do presidente do Sindicato e ordenou que ele entregasse as chaves. Cercado pelo entusiasmo da companheirada, o presidente, corajosamente, perguntou à Assembleia: "entrego ou não a chave aos pelegos?" A resposta foi um fortíssimo **não** acompanhado do hino do sindicato: *"Companheiros! Companheiras! Que trabalham de enxada na mão! Vamos juntos, cerremos fileiras!* ***Nossa Força é a nossa união****"*. Enquanto cantavam, seus braços formavam correntes que cercavam a liderança, polícia, interventores e a sede juntos.

A polícia não esperava a reação dos trabalhadores e ficou toda perturbada. Disse que ia buscar reforço e nunca mais voltou. Nem a intervenção aconteceu, até hoje. É claro que os inimigos não se entregam e sempre voltam. Em abril de 1985, durante a noite, eles vieram e incendiaram a sede. A resposta veio, imediatamente. Logo pela manhã, uma faixa por cima das ruínas dizia: "**O Sindicato somos todos nós**". E, logo que a sede foi reconstruída, com a ajuda de amigos de todo o Brasil, os trabalhadores, com muito orgulho, escreveram bem alto: "**Olha nós aqui, outra vez**"!

A vitória não cai do céu

O que aconteceu em Santarém, acontece e pode acontecer em outros lugares e com outros movimentos. A vitória dos lavradores, como toda conquista, é o resultado de uma longa e paciente história de luta. Sem falar na luta de seus antepassados, os trabalhadores de Santarém já estavam completando dez anos de luta sindical. Desde 1974, os camponeses se juntavam, se animavam, se esclareciam, se organizavam e conquistavam vitórias, conseguiam melhorias. Em 1980, ganharam a direção do sindicato com 3.517 votos contra 272 do afilhado do prefeito.

A vitória veio porque puseram a mão na massa...

A organização de base: toda a comunidade, com pelo menos 30 sócios, formava uma Delegacia Sindical coordenada por três pessoas. Era aí que se dava a filiação, a arrecadação financeira, os primeiros esclarecimentos e a luta para resolver a questão da terra, da produção, da comercialização dos produtos. Cinco delegacias formavam uma microrregional, e dez micros formavam um regional. O sindicato chegou a 267 delegacias sindicais, espalhadas em dez regionais, com quase dez mil sócios.

As lideranças: sem animadores o movimento não anda. Mas, para eles, ser liderança não era um cargo ou um privilégio. Era, antes de tudo, uma tarefa da luta que honrava a pessoa pela sua responsabilidade. A própria diretoria, em vez de ficar na sede, sabia que a prioridade de sua presença era estar com os trabalhadores: na roça, nas diversões, nas conversas, nas dificuldades, nas lutas. Porque a organização é antes de tudo o povo em movimento. Não é a burocracia.

Democratização: em vez de concentrar as decisões nas mãos de alguns, a diretoria procurou repartir o poder, repartindo também as responsabilidades. Quando a pessoa se sente valorizada, deixa de ser dependente de um chefe e toma iniciativas conforme a necessidade do movimento, sua habilidade e seu gosto pessoal. O poder está no povo. Quando o povo descobre a força que tem, ninguém mais o segura.

O pensamento e a força: *quem não sabe é como quem não vê.* Mesmo sabendo que quem faz já sabe alguma coisa, era preciso pensar sobre o já feito, para fazer melhor ainda. Para vencer as dificuldades, era preciso juntar o pensamento e a força. A Corrente Sindical, núcleo do movimento de Santarém, investiu na formação dos trabalhadores. Preparou uma equipe de Educação Sindical com muitos jovens voluntários, que, aprendendo e ensinando, percorreram os 22 mil km^2 do município. Eles animavam homens e mulheres, jovens e adultos a participarem na pesquisa e na solução de seus próprios problemas.

A multiplicação: os desafios eram muitos e o inimigo, forte. Era preciso *sair da toca* e aumentar o número dos trabalhadores, na mesma caminhada. Era preciso trocar experiências, repartir os conhecimentos e reforçar a luta com mais gente. Daí, nasceu a ligação com muitas pessoas e organizações, da cidade e do campo, de várias partes do Brasil. Quem não cresce desaparece.

O entusiasmo: junto com tudo isso, o pessoal cultivava a convicção que alimentava a sua esperança nas horas de alegria e de sofrimento, nos momentos de sacrifício e de vitória. Esse segredo animava suas vidas e se mostrava no respeito às pessoas, na disposição para as tarefas, no cumprimento dos acertos coletivos, na capacidade de agir, na coragem, no carinho aos iniciantes, nas palavras de ordem, nos símbolos, nas músicas e na ternura do companheirismo. *Não basta que seja pura e justa a nossa causa, é preciso que a justiça passe dentro de nós.*

O pessoal aprendeu esse jeito de agir antes mesmo de ganhar o sindicato. Quando conquistaram essa ferramenta de organização, aprenderam que essa organização só continua importante quando junta mais gente, multiplica os esclarecimentos e consegue mudanças e melhorias na vida do povo, comprometendo esse povo na solução dos impasses.

Retomar a prática popular

A principal certeza da luta popular é a de que as pessoas podem e devem viver livres e felizes. Mas essa *libertação tem que ser obra dos próprios oprimidos, ou não haverá libertação.* Pois só quem está oprimido pode ter interesse em sair da opressão. E, *ao se libertar, liberta também seus opressores,* porque tira deles as condições de riqueza, poder e saber com as quais eles oprimem.

Até hoje, ninguém reconhece os direitos do povo como dever de justiça. Todo direito humano, direito de cidadão, só foi garantido quando as pessoas despertaram e lutaram, de maneira organizada. "Quem não chora, não mama", como diz o povo; ou "a luta faz a lei", como dizem os advogados populares. Em geral, quem está no poder faz promessas e quase nunca as cumpre. O povo, por isso, aprendeu que "quem precisa é que deve se mexer." Os pobres sabem que a elite só "dialoga" quando sente que vai perder. Então, o caminho é "pau e prosa", isto é, a conversa funciona quando o povo faz pressão. Por isso, é preciso:

Retomar o trabalho de base: mas não como a saudade de práticas e atividades que fizemos no passado. Nem é o medo de encarar as mudanças que aconteceram em nós, no Brasil e no mundo. Também não é o basismo onde as pessoas querem recomeçar do zero, gostam de elogiar tudo o que os pobres fazem e ficam pensando que as ações sem planejamento são capazes de conseguir os resultados que interessam a maioria. Retomar o trabalho de base é recuperar, é resgatar, é acreditar de novo no sonho da liberdade, na qual os interessados se envolvem na construção de uma vida melhor para si e para todos.

Um trabalho com raiz: o trabalho de base tem sustentação porque seu alicerce está na população que trabalha. Renasce e se reproduz quando é plantado na alma da população. Não é um movimento *para* os trabalhadores. Os trabalhadores precisam sentir-se parte da caminhada e companheiros da construção. As pessoas que despertam se juntam, se formam e, na luta, conseguem vitórias.

O fim e o caminho: no trabalho de base, não tem essa de "fazer a cabeça", de seguir o que o "chefe" mandou. A pessoa abraça a causa porque foi convencida de que ela é justa e necessária. Outra coisa: o jeito de tratar as pessoas deve estar de acordo com a finalidade que queremos atingir. Fica difícil acreditar na liberdade se, na nossa prática cotidiana, somos autoritários e antidemocráticos. Porque, "quem não sabe aonde quer chegar, não chega lá nunca". Mas também é verdade "que o fim é o caminho que a gente faz pra chegar lá". O meio e o método que adotamos devem estar ligados com os objetivos que anunciamos.

Uma multidão de estrelas: a elite não tem medo de lideranças que se tornam estrelas, nem de organizações que têm fortes estruturas. Ela teme o *fogo de monturo* que vai queimando por debaixo, da consciência acesa em um grande número de militantes. É fácil "comprar", isolar ou destruir algumas cabeças que se destacam. O que mete medo nos dominadores é esse jeito de trabalhar que multiplica as ações e pessoas. Essa prática contagiante pode invadir, com entusiasmo, todos os espaços da vida: o trabalho, a política, a religião, a cultura, o lazer etc. Não se trata, portanto, de apagar a estrela de ninguém, mas de acender uma multidão de estrelas. *Quanto mais estrelas no céu, mais a noite fica iluminada.* Trata-se de formar ligações que possam atingir todo o povo.

Uma sementeira permanente: "De onde se tira e não se põe, a tendência é acabar". Isso vale para a natureza como vale para o movimento popular. E a grande sementeira que deve ser sempre cultivada é o povo. O trabalho de base só tem sentido e finalidade se for para ajudar o povo a lutar e a ser feliz. Mas, é esse povo que deve tomar nas mãos o seu destino. A experiência tem mostrado que, apesar de toda a miséria e de toda a contradição, o povo é a fonte permanente de novas ideias e formas de luta; além de ser a sementeira permanente de novos militantes que garantem o crescimento da luta popular.

A organização maior que a luta: toda organização (sindical, política, pastoral) é uma ferramenta para juntar mais gente e aumentar a força do povo. Quando uma entidade ou um cargo passam a ser um meio de vida, fica claro que alguém está se servindo do povo para seus próprios interesses. A organização é um meio para reunir e preparar o povo para as conquistas. O cargo é, então, uma tarefa da luta popular, e não um privilégio individual. Quando a fôrma se torna mais importante que o bolo, muda-se de fôrma porque esta já não serve mais para a finalidade que foi construída.

"O povo quer lutar": o povo sempre quer melhorar de vida; às vezes, é ensinado a querer o que não conhece; mas, mesmo quando entra em um beco sem saída, é pelo desejo de sair do sufoco. Não porque o povo seja "santo". Mas porque quem vive oprimido não tem tempo de cruzar os braços. Para o povo, "viver é lutar". Quando o povo parece que não quer nada e não se mobiliza é porque não entendeu ou não confia em certos dirigentes, nem embarca em certas canoas furadas.

RETOMAR O TRABALHO DE BASE

Uma marca da organização popular é o seu enraizamento na vida da população, animando e organizando os trabalhadores na busca de soluções para seus problemas. O antigo e permanente sonho da humanidade de repartir o pão e o poder passa pela *derrubada da velha pirâmide* e pela construção de uma sociedade sem dominação.

A luta e a organização popular, para romper a prática da classe dominante, articula-se, desde a base, para estar presente, todos os dias, lá onde acontece a luta pela vida. Esse trabalho exige vontade política, dedicação, tempo, pessoas e recursos. Se a elite manda, é porque o povo aprendeu a ficar calado e a obedecer ao chefe de plantão. O trabalho de base é, então, essa convicção profunda que se dispõe a superar a *cultura autoritária* e o *personalismo,* e contribuir para que o povo seja protagonista e *tome a direção da barca.*

Um pouco de história

O Brasil nasceu como colônia dos países ricos. Reis e rainhas tornaram-se dono(a)s das terras, das riquezas e da vida das pessoas. Quem resistiu foi perseguido(a) e, muitas vezes, destruído(a). Essa dominação gerou uma cultura autoritária, e, no povo, a mentalidade de escravo, em que as pessoas se tornam passivas, sempre esperando ordens, de cima e de fora. A resistência popular foi a resposta dos povos indígenas, dos quilombolas, do campesinato e do operariado pela sobrevivência.

A ditadura de Getúlio Vargas, de 1933 a 1945, para não mudar a cultura autoritária, inventou o populismo. O povo foi ensinado a *puxar o saco* e a *mendigar favores* de chefes, em todos os lugares, em vez de lutar por direitos. Aprendeu a ser cliente, a encostar-se *numa árvore que lhe dê sombra* em vez de se organizar e de *andar com os próprios pés*. A resistência popular significou luta e organização para reivindicar direitos.

Nos anos 1960, mais gente descobriu que podia ser *dona do seu nariz* e participar. Não aceitaram ser coisa, nem ser usada, como massa de manobra. Quiseram *ter voz ativa e no seu destino mandar*. A cultura popular, a participação popular, levando à consciência de ser sujeito, fez os trabalhadores pensarem também no poder popular. Aí, veio a ditadura militar de 1964, prendendo, torturando e matando.

Mas, o sonho de ser livre e feliz coletivamente continuou nos bastidores. Durante muitos anos, num paciente trabalho de base, a luta se multiplicou e criou raízes em muitos espaços. No final dos anos 1970, o fogo que queimava por baixo, explodiu em movimentos nos quatro cantos do país. Nesses anos de chumbo, muita gente, no campo e na cidade, foi atingida pelo trabalho dedicado de milhares de militantes. Esse esforço teceu uma imensa *rede de resistência e de esperança* contra a dominação e pelo direito de ter vez e voz, contribuindo para o fim da ditadura militar.

Nos anos 1980, o campo popular reconstruiu suas ferramentas de luta (sindicatos, partidos, associações) e até inventou novas formas de juntar e canalizar a indignação e os anseios da classe trabalhadora (movimentos, fóruns, entidades). Esse processo de luta e de organização conseguiu recuperar e conquistar muitos direitos. No campo eleitoral, as forças populares disputaram espaços no legislativo e na administração pública, chegando quase a eleger seu candidato à presidência do Brasil.

Os anos 1990 trouxeram grandes mudanças na economia, na política e na disputa das ideias em todo o mundo. A queda do muro de Berlim representou a nova ofensiva do capitalismo e revelou muitas fragilidades na prática socialista. O ideal da competição individual, a qualquer preço, desafiou o projeto e as iniciativas de solidariedade. Para o campo popular foi um tempo de derrotas, de sofrimento e de baixas: teve militante que desanimou, que passou para o outro lado, que perdeu a credibilidade e que ficou sem saber o que fazer. Para o(a)s socialistas, a crise serviu como tempo de avaliação. Fiéis aos ideais de libertação, perceberam a necessidade de reexaminar a realidade e de repensar seus métodos e formas de luta.

A virada do milênio poderia representar uma oportunidade para a construção do projeto popular. Mas, prometendo o primeiro mundo, a elite entregou o país à ganância internacional do capital e à falência. O Estado abandonou sua função social (educação, saúde, segurança) para servir aos interesses das grandes empresas. O resultado foi uma maior concentração das riquezas, desemprego em massa, violência e miséria da população – a exclusão econômica, política e social.

Em 2002, num acordo silencioso – num cenário em que a população se achava esgotada pelas políticas neoliberais –, a esquerda, propondo um grande arco de alianças eleitoral, e deixando a direita satisfeita por garantir-lhe o controle da situação, elegeu Lula para presidente, depois de três tentativas. No início, houve euforia, porque a *esperança teria vencido o medo,* e um operário na presidência brilhava como um sinal de *que o povo deve e pode desejar o poder.*

A escolha do ministério já assustou muita gente, que, sem querer ler a *Carta aos brasileiros*, preferia considerar um governo em disputa. Com seis meses veio a perplexidade – ninguém acreditava no que estava vendo: continuar o projeto da elite dominante de integrar-se de forma subordinada à *globalização do mercado capitalista,* seguindo a mesma política econômica e respeitando todos os contratos lesivos aos interesses populares (barragens, agronegócio, entrega do patrimônio público. Para o povo, políticas compensatórias em vez de políticas sociais (emprego, reforma agrária, saúde, educação). Veio o desânimo para uns e a crença de que tudo isso não passava de um período de transição para outros.

Em um ano, acabou-se a ilusão. Era um governo igual aos outros – defendia a estabilidade do capital, a mudança dentro da institucionalidade e as alianças a qualquer preço, desde que garantissem a governabilidade. Embora toda essa crise tenha sido um remédio amargo, despertou a militância – que ficava órfã de um *messias* que não salva, que redescobria que o poder não está no governo, nem no Estado, mas no próprio povo. Era urgente adotar uma estratégia de recuo organizado para recompor e acumular suas forças contra a exploração *com, sem* ou, se for o caso, *contra* o governo. Para isso, a militância, com redobrado vigor, deveria alimentar-se da convicção de que a solução para a nação não pode ser o conserto do sistema capitalista, mas a construção do projeto alternativo e popular. E que para avanço desse processo de luta e organização popular, é urgente a retomada do trabalho de base.

PRINCÍPIOS DO TRABALHO POPULAR[1]

Paulo Freire

Apresentação

Gostaria de iniciar dizendo que nem sempre cabe uma palestra sobre o método. O que ensina a gente é fazer coisas e ler. O fundamental é fazer, é lançar-se numa prática e ir aprendendo-reaprendendo, criando-recriando, com o povo. Isso é que ensina a gente. Mas ajuda muito *bater um papo* com quem tem prática, com quem já teve prática e com quem tem uma fundamentação teórica a propósito de uma experiência. Nesse olhar, uma assessoria tem sentido. Mas o indispensável é fazer. Assim, a gente vai tendo a sensação agradável de estar descobrindo as coisas com o povo.

Tenho evitado escrever algo que não tenha feito. Nem carta sei fazer se não tiver algo importante para conversar. Meus livros são sempre relatórios, embora relatórios teóricos, feitos a partir da prática. Quem pretende trabalhar com esses relatórios deve estar disposto a recriar o que fiz, a refazer, e não só copiar; a reinventar as coisas. Os elementos que vamos refletir são princípios válidos para quem trabalha com o povo, quem está metido com alfabetização de adultos, participa de algum tipo de pastoral social ou trabalho popular.

---

1 Esta reprodução adaptada tem como base a publicação *Para trabalhar com o povo* editada pelo Centro de Capacitação da Juventude, Vila Alpina, Zona Leste de São Paulo, SP, 1983.

Ninguém está só no mundo

O primeiro princípio é: ninguém está só no mundo. Enquanto educadores, devemos estar convencidos de uma coisa que é óbvia: *ninguém está só no mundo.* Parece uma constatação besta (constatação é aquilo que ninguém precisa pesquisar). Mas é preciso ver que implicações se tiram desta constatação. O importante não é fazer a constatação. Fazer constatação é fácil, basta estar vivo. O importante é encarnar essa constatação com um bando de consequências e implicações.

A primeira consequência, sobretudo no campo da educação, é que, se ninguém está só, é porque os seres humanos estão no mundo, com outros seres. Estar com outros significa necessariamente respeitar, nos outros, o direito de dizer a palavra. Aí, começa o *embananamento* para quem tem a posição nada humilde, quem pensa que conhece a verdade toda. Para elas só tem um jeito – *fazer a cabeça* de quem não tem a verdade.

Saber ouvir

A implicação profunda e rigorosa que surge quando encarno que não estou só é exatamente o direito e o dever de respeitar em você o direito de você dizer a palavra. Isso significa, então, que é preciso também saber ouvir. Na medida em que eu parto do reconhecimento do teu direito de dizer a palavra, quando eu falo porque te ouvi, eu faço mais do que falar a ti, eu falo contigo. Mas falar a ti só se converte no falar contigo se eu te escuto. No Brasil, tá cheio de gente falando pra gente, mas não com a gente. Faz 500 anos que o povo brasileiro leva porrete. Tudo isso tem a ver com o trabalho de educador(a): numa posição autoritária, é evidente que o educador(a) fala ao povo, fala ao estudante.

O terrível é ver um montão de gente se proclamando de esquerda e continuar falando ao povo e não com o povo, numa contradição extraordinária com a própria posição de esquerda. Porque o correto da direita é falar ao povo, enquanto o correto da esquerda é falar com o povo. Esse *trequinho* (coisa) é a primeira conclusão que a gente tira quando percebe que não está só no mundo.

Quando a gente encarna e vive este *não estar só no mundo,* está falando da metodologia popular. Esse modo de ver e de tratar é muito mais que um método – **é uma concepção de mundo. É uma pedagogia. Pedagogia**, e não um método cheio de técnicas. A gente sabe muito mais as coisas quando aprende o significado dessa pedagogia do que quando se aplica uma técnica. As técnicas só se encarnam quando o princípio é respeitado. Se o educador está disposto a viver com o educando uma experiência na qual o educando diz sua palavra ao educador, e não apenas escuta a palavra do educador, a educação se autentica, tendo no educando um criador de sua aprendizagem. Esse é um princípio fundamental.

Uma segunda consequência do *falar a e do falar com* é que *eu só falo com* na medida em que escuto também. Eu só escuto na medida em que eu respeito, inclusive o que fala me contradizendo. Se a gente só escuta o que concorda com a gente... é exatamente o que está aí no poder. Quer dizer, *desde que vocês aceitem as regras do jogo...* se o povo brasileiro concordar que *a democracia* deve ser assim... a gente permite que ela exista, senão... Gosto de anedotas, inclusive as anedotas chamada *feias* que são tão bonitas!

Quando era moço, me contaram uma história que se deu com Henry Ford. Henry Ford reuniu seus técnicos e assessores e disse: "Vamos aqui discutir o modelo novo dos carros Ford." Então, os técnicos falaram: "Sr. Henry, vamos dar um jeito de acabar com esses carros só pretos e feios; vamos tacar o carro marrom, verde, azul, mudar o estilo, fazer um negócio mais dinâmico." Quando deu 17 horas o Henry Ford falou: "pessoal, agora eu tenho um negócio. Vamos fazer o seguinte: amanhã, a gente se reúne aqui nesse mesmo horário para decidir esse negócio. No outro dia, às 16h45, os assessores estavam todos na sala. Às 16h50, a secretária de Ford entrou na sala e falou: "Senhores, o sr. Ford não pode vir a essa reunião, mas pede que os senhores se reúnam; diz também que concorda com os senhores, desde que seja preta a cor dos carros."

Eu falo contigo quando sou capaz de te escutar. E, se sou capaz, eu falo a ti. No falar a e no falar sobre (que significa falar em torno), falo a ti sobre a situação tal. Se me convenci desse falar com, desse escutar, então meu trabalho vai partir sempre das condições concretas em que o povo está. Meu trabalho vai partir dos níveis, das maneiras e formas como o povo se compreende na realidade, e não apenas da maneira como eu entendo a realidade.

Desmontar a visão mágica

Parto de um exemplo concreto. Quando tinha sete anos, já não acreditava que a miséria era punição de Deus. Isso faz muito tempo. Mas vamos admitir que eu chegasse para trabalhar numa certa área cujo nível de repressão, opressão, espoliação do povo fosse tão grande que a comunidade, até por necessidade de sobrevivência coletiva, se afogasse numa visão alienada do mundo. Nessa visão, *Deus é o responsável* por toda aquela miséria. Nesse nível de consciência, de percepção da realidade, é preciso *acreditar que Deus é o responsável.* Sendo Deus o *responsável,* o problema passa a ter *causa superior.* É melhor acreditar que é Deus do que acreditar que não é, porque aí não se tem a obrigação de brigar, arriscando-se a morrer...

Esta é uma realidade que existe. Não se sabe como é que os jovens de esquerda não percebem esse treco! Então, não é possível chegar a uma área como essa e logo fazer um discurso sobre a luta de classes. Não dá mesmo! É uma absoluta inconsistência teórico-científica. Fazer um troço desses é ignorância da ciência. Um dia, vai chegar a hora de falar do negócio da classe. Mas é impossível enquanto não desmontar a visão mágica, a compreensão mágica. Se houvesse a possibilidade da participação ativa, da prática política imediata, essa visão se acabaria. Porém, é sempre uma violência você querer esquecer que a comunidade ainda não tem a possibilidade de um engajamento imediato.

O que tem acontecido é a gente *falar à comunidade, e não com a comunidade*. Você faz um discurso brabo, danado. E o resultado desse discurso? Cria mais medo; mete mais medo na cabeça da população. Quer dizer, o que a gente tem a fazer **é partir do** nível que a massa está. Diante desse fato, há duas possibilidades de errar: a) acomodar-se ao nível da compreensão da comunidade e passar a dizer que, na verdade, é Deus mesmo que quer isso; b) ou arrebentar com Deus e dizer que o culpado é o imperialismo.

Seria uma falta de senso dessa pessoa, porque isso é falta de compreensão do fenômeno humano, da espoliação e de suas raízes. É engraçado, fala-se tanto em dialética e não se é dialético. (Dialética é o processo de conhecimento pelo qual se acerta o caminho, através de um processo de reflexão sobre a realidade ou a prática). O que será que pode acontecer na cabeça das pessoas: *se Deus é um caboclo danado de forte, que criou todo esse treco,* o que é que pode gerar na cabeça dessas pessoas se a gente chega e diz que *não é Deus?* Vamos ter que brigar com uma situação feita por um ser tão poderoso como este e, ao mesmo tempo, tão justo. Essa ambiguidade que está aí significa pecado. Então, a gente mete mais sentimento de culpa na cabeça da massa popular.

Partir do nível da massa

Antes do golpe militar, lá no Nordeste, fui conversar com um grupo de camponeses. Em poucos minutos eles se calaram e houve um grande silêncio. Até que um deles falou:

– O senhor me desculpe, mas é o senhor que deve falar, e não nós.

– Por quê? Perguntei eu.

– Porque o senhor é o que sabe, e nós não sabemos.

– Aceito. Eu sei e vocês não sabem! Mas por que é que eu sei e vocês não sabem?

(Aceitei a posição deles em vez de me sobrepor à posição deles. Aceitei a posição deles, mas, ao mesmo tempo, indaguei sobre eles)

– Um deles respondeu:

– O senhor sabe porque foi à escola, e nós não.

– Aceito. Fui à escola e vocês não foram. Mas por que é que eu fui à escola e vocês não foram?

– Ah, foi porque seus pais puderam, e os nossos não.

– Concordo. Mas por que meus pais puderam e os de vocês não puderam?

– Ah, o senhor pôde porque seus pais tinham condição, bom trabalho, bom emprego, e os nossos não.

– Tá certo. Mas, por que os meus tinham e os de vocês não?

– Porque os nossos eram camponeses. Meu avô era camponês, meu pai era camponês, eu sou camponês, meu filho é camponês, meu neto vai ser camponês.

(Aí, a concepção fatalista da história!).

– O que é ser camponês?

– Ah, é não ter nada, é ser explorado.

– Mas, o que é que explica isso tudo?

– Ah, é Deus! Deus quis que o senhor tivesse e nós não.

– Tá certo, concordo. Deus é um cara bacana, um sujeito poderoso! Agora, eu queria fazer uma pergunta: quem aqui é pai? Todo mundo era. Olhei para um e disse:

– Você tem quantos filhos?

– Tenho seis, disse ele.

– Você seria capaz de botar cinco filhos aqui no trabalho forçado e mandar um pra capital com comida, hotel, pra ele estudar e ser doutor, e os outros cinco morrendo no porrete e no sol?

– Não, não fazia isso não!

– Então, você que acha que Deus é poderoso, que é pai, ia tirar essa oportunidade de vocês? Será que pode? Houve um silêncio e por fim um falou:

– É não, não é Deus nada! É o patrão!

Seria idiotice minha se eu dissesse que era o patrão imperialista *yankee!* O cabra ia dizer "o quê, onde mora esse hôme?" A transformação social se faz com ciência, com consciência, bom senso, humildade, criatividade e coragem. É trabalhoso, não se faz na marra. O voluntarismo nunca fez revolução em canto nenhum, nem o espontaneísmo. Transformação social implica convivência com as massas populares, e não a distância delas.

Ninguém sabe tudo e ninguém ignora tudo

Um princípio que está ligado ao *falar a* e *falar com* é que ninguém sabe de tudo, nem ninguém ignora tudo. Isto equivale a dizer que, em termos humanos, não há nem sabedoria absoluta, nem ignorância absoluta.

Um dia, no Chile, fui discutir com camponeses. Eles estavam inibidos para discutir comigo "porque eu era doutor." Falei que não era. Peguei um giz, fui ao quadro e propus o seguinte jogo. "Faço uma pergunta a vocês e, se vocês não souberem, eu marco um gol. Em seguida, vocês fazem uma pergunta e, se eu não souber, vocês marcam um gol. Vou dar o primeiro chute." De propósito, perguntei um treco difícil, coisa de intelectual: "Eu gostaria de saber o que é hermenêutica socrática." Ficaram rindo, não sabiam o que era isso. Marquei um ponto para mim. Na vez deles, alguém fez uma pergunta sobre semeadura. Eu não entendia pipocas! Perdi um ponto. Fiz a segunda: "O que é alienação em Hegel?" Dois a um. Me fizeram uma pergunta sobre praga. Foi uma senhora experiência, com empate de 10 a 10. Convenceram-se, no final do jogo, que, de fato, ninguém sabe tudo e ninguém sabe nada.

Elitismo e basismo

Mas essa verdade que aceitamos em nível teórico pelo intelecto (*ninguém sabe tudo e ninguém sabe nada*), a gente precisa viver. Todo mundo aqui sabe que não *está só no mundo*. Porém, é preciso viver a consequência disso, sobretudo quando dizemos que nossa opção é libertadora. O que é preciso é encarnar esse princípio quando a gente se aproxima da massa popular arrogantemente, elitisticamente, para *salvar a massa inculta, incompetente, incapaz!* Essa é uma postura absurda, até porque não é científica. Há uma sabedoria que se constitui na massa popular, pela prática.

Mas existe também outro equívoco que chamamos basismo: ou você está na base o dia todo, a noite toda, mora lá, morre lá, ou não dá palpite nunca! Isso é conversa fiada, não dá certo! Esse negócio de superestimar a massa popular é um elitismo às avessas. Não há por que fazer isso. Tenho claro que sou intelectual *de mão fina*. A sociedade burguesa em que me constituí como intelectual não me poderia ter feito diferentemente. Ou a gente é humilde para aceitar uma verdade histórica que é o nosso limite histórico ou se suicida. E eu não vou me suicidar, porque é dentro dessa contradição que me forjo como um novo tipo de intelectual. E tenho uma contribuição a dar à massa popular.

O fundamental é que minha contribuição só é válida, na medida em que sou capaz de partir do nível em que a massa está e, portanto, de aprender com ela. Se não for assim, a contribuição de nada vale, ou é muito pouca. Independentemente das técnicas, o que vale é o princípio: *estar com o povo e não simplesmente para ele, e jamais sobre ele.* Isso é o que caracteriza a postura libertadora.

Assumir a ingenuidade do educando

Outro princípio fundamental é a capacidade de assumir a ingenuidade do educando, seja universitário ou popular. É comum a gente defrontar-se com ingenuidades, com perguntas que a gente não entende. E não entende porque quem faz a pergunta não consegue fazer. Imaginem que pedagogo seria eu se, ao ouvir uma pergunta malformulada, desorganizada ou sem sentido, eu respondesse com ironia. Que direito teríamos nós de dizer que somos educadores que pensam em liberdade e respeito? Às vezes, é complicado.

Tenho feito assim quando não consigo realmente entender a pergunta: "Vou repetir a pergunta; presta atenção pra ver se eu não estou distorcendo o espírito da tua pergunta; se eu distorcer, você me diz." Então, repito a pergunta reformulando de maneira mais clara, como penso que entendi. Não raro as pessoas afirmam: "Era isso que eu queria perguntar, só que não estava sabendo." Imaginem se eu dissesse à pessoa "Não, você é um idiota!" Com que autoridade? Que sabedoria tenho eu para fazer isso? Ao contrário, é preciso seguir o princípio absolutamente fundamental: ao assumir a posição ingênua do educando, você supera essa posição com ele e não sobre ele. Se é fundamental assumir a ingenuidade do educando, é absolutamente indispensável assumir a criticidade do educando diante da nossa ingenuidade de educador.

Esse é o outro lado da medalha para o educador autossuficiente. Para ele, *só o educando é ingênuo, o educador nunca é.* No fundo, ingênuo é o educador, porque a ingenuidade se caracteriza pela alienação de si mesmo ao outro. A alienação se faz pela transferência de si em alguém para o outro: *eu não sou ingênuo, o outro é que é ingênuo.* Transfiro para ele a minha ingenuidade. Só posso criticar se eu também acredito que sou ingênuo; porque não há nenhuma *absolutização da ingenuidade, nem absolutização da criticidade.* O educador que não faz esse jogo dialético, contraditório e dinâmico, não trabalha pela libertação.

Educação como ato político

Discutir esses princípios e posturas pedagógicas, tudo isso é política. A educação é tanto um ato político quanto um ato político é educativo. Não é possível negar, de um lado, a *politicidade da educação* e, do outro, a *educabilidade do ato político.* Nesse sentido, todo partido é sempre educador. Tudo depende de qual educação é essa que esse partido faz, depende com quem ele está, a favor de que está o educador ou a educadora. Se educação é sempre um ato político e os/as educadores/as são seres políticos, importa saber a favor de quem fazemos política, qual a nossa opção.

Clareada nossa opção, a gente tem que ser coerente. Porque não adianta o *discurso revolucionário com uma prática reacionária.* Não adianta participar uma semana de um curso sobre metodologia popular e, em seguida, ir à favela *salvar os favelados* com a nossa ciência, em lugar de aprender com os favelados a ciência deles. Não é o discurso que diz se a prática é válida; é a prática que diz se o discurso é válido ou não. Quem julga é sempre a prática, não o discurso. De nada adianta um lindo sermão seguido de uma prática reacionária. De nada adianta uma proposta revolucionária se nossa prática é pequeno-burguesa.

O trabalho concreto exige capacitação em vários campos. Porém, o fundamental é a coerência com nossa opção política. Por causa dela corre-se risco. Educação libertadora ou é aventura permanente ou não é criadora. E não há criação sem risco; e o que temos a fazer é reinventar as coisas.

A marca do autoritarismo

Nós, brasileiros, temos que combater em nós a marca trágica do autoritarismo que vem dos primórdios do nosso nascimento. O Brasil foi inventado autoritariamente, e autoritariamente continua. Não é de espantar que a abertura e a "democracia" se façam de forma autoritária.

O padre Antônio Vieira, num belo sermão durante a guerra contra os holandeses, dizia: em nenhum milagre Cristo gastou mais tempo, nem mais trabalho teve, do que em curar o endemoniado mudo. E esta tem sido a grande enfermidade do nosso país: o silêncio ao qual o povo sempre foi submetido. O que Vieira não disse é que, neste país, quem tem sido mudo é a classe popular, as classes trabalhadoras. Não são mudas porque não fizeram nada. Elas têm feito sua rebelião constante. As lutas populares, neste país, têm sido grandiosas! Só que a historiografia oficial primeiro esconde as lutas, quando conta, distorce; e, por fim, o poder autoritário faz tudo pra gente esquecer.

Os intelectuais desse país são autoritários, inclusive quando somos de esquerda. Nosso autoritarismo se transformou na arrogância, na "sabedoria" com que falamos, nas exigências de leitura que fazemos, no comportamento nos cursos e seminários. Citamos uns 40 livros e mandamos o *aluno* ler uns 200 capítulos, além dos 40 livros.

Reaprender de novo

Se você pretende começar um trabalho com grupos populares, esqueça-se de quase tudo o que lhe ensinaram. Dispa-se, fique nu e *comece a se vestir de povo*. Esqueça-se da falsa sabedoria e comece a reaprender de novo. Aí é que a gente descobre a validade do que já se sabe – ao testar o que a gente sabe com o que o povo está sabendo.

Um grupo de jovens fazia uma experiência de alfabetização numa comunidade de favelados durante a construção de um barraco. Depois sumiram. Quando reapareceram, me disseram: "Paulo, a coisa mais formidável que a gente tem pra contar é que, por mais que a gente tivesse lido você e conversado com você, a gente cometeu um erro tremendo. A gente tinha botado na cabeça que o povo queria ser alfabetizado. Como a gente falou que alfabetização era importante, o povo passou seis meses com a gente, falando daquilo por causa da gente. Quando aumentou a intimidade, o povo, dando risada, falou 'nós nunca quisemos isso'"!

O grupo de jovens era um pessoal bacana. Tinha lido tudo meu, tinha discutido comigo um semestre. Eu também fui enrolado pela equipe. O povo queria outra coisa, mas a equipe tinha transferido ao povo a necessidade da alfabetização. Num país de 500 anos de dominação, é fácil aceitar a insinuação de um intelectual sobre uma necessidade.

Pacientemente impaciente

O educador com a opção libertadora tem que viver pacientemente impaciente. Significa viver a relação entre a impaciência e a paciência. Não é possível viver só impaciente de querer a revolução para amanhã. A impaciência se manifesta, por exemplo, na afirmação de que *as massas já têm o poder no Brasil;* só falta o *governo.* A impaciência mete na cabeça da gente um desenho da realidade que não existe. Só pode existir na cabeça de alguém fantasioso, não na realidade econômica, política e social do Brasil. A impaciência significa a ruptura com a paciência. Romper com um desses polos é romper em favor de um deles.

EDUCAÇÃO POPULAR E TRABALHO POPULAR

Só o conhecimento liberta, embora muita gente reduza o saber à escolarização, à erudição acadêmica, ao arquivo de informações ou à mera assimilação e repetição de conceitos. O conhecimento é mais que informação, palestra, curso ou leitura de um livro – *quem diz que sabe, mas não sabe fazer, ainda não sabe*. As informações sobre *como nadar* são insuficientes quando não se aplicam à prática de nadar. Quem nunca fez, ainda que tenha estudado como fazer, só sabe quando aplica as orientações, conforme os grupos, lugares, ritmos e culturas concretas. O conhecimento pressupõe informação, assimilação e aplicação prática dos conceitos. Quando colocado a serviço de uma estratégia, o saber pode tornar-se *força material* para transformar a natureza e a sociedade.

A educação é um instrumento que *torna comum* o saber de uma estratégia. Toda educação tem uma intencionalidade, explícita ou implícita, pois todo conhecimento tem um objetivo, uma direção e uma finalidade. O conhecimento é conhecimento de algo, a partir de uma perspectiva. A educação está sempre a serviço de uma ideologia, de uma proposta, como instrumento para realizar uma estratégia de poder.

Numa sociedade de classes, não pode haver educação que seja a favor de todos – será sempre a favor de alguém e contra outrem. A educação serve para que uma pessoa se acomode ao mundo ou se envolva em sua transformação. Por isso, formação política é um *processo dialético* de tradução, reconstrução e criação do conhecimento que capacita educadores/educandos a ler criticamente a realidade, com intenção de transformá-la.

A Educação Popular é uma concepção de formação que opta por um dos polos da luta de classe – a classe oprimida, *o povo em marcha*. Na classe oprimida, opta por quem está na produção de riquezas. E, na classe trabalhadora, opta por quem se dispõe a um processo de transformar, pela raiz, a estrutura da sociedade capitalista. *"(...) quem quiser fazer só pedagogia, só metodologia, sem esta visão política, acaba fazendo uma contraeducação popular"* (Madre Cristina).

A Educação Popular é uma ferramenta político-pedagógica cujos objetivos permanentes são: a) traduzir, divulgar e recriar o conhecimento como força material para transformar a realidade; b) construir, divulgar e acompanhar a implantação da estratégia da organização popular como resposta aos desafios do cotidiano e da história; c) qualificar quadros militantes que se dispõem a transformar, pela raiz, a estrutura do sistema capitalista, no nível político, econômico, ideológico e cultural; d) elevar o nível de consciência da classe oprimida e incorporar o povo como protagonista; e) facilitar o entendimento e a aplicação do conteúdo e da metodologia popular, comprometendo as pessoas com a multiplicação criativa.

A Educação Popular adota a concepção dialética em que a pergunta do presente inspira-se na teoria (ciência, história) para projetar o futuro. Na atividade formativa, conforme o momento do grupo, a educação usa o método **indutivo** (que parte do real, concreto, biográfico para o geral) ou o método **dedutivo** (que vai do geral para o particular). O que não pode mudar é o envolvimento das partes como corresponsáveis do processo.

A pedagogia da Educação Popular considera: a) **O querer do educador**, sua mundividência, seu acúmulo de conhecimento da prática social; b) **As demandas e os potenciais** da classe trabalhadora, seus anseios e reivindicações; c) **O contexto**, pois as pessoas são situadas e mergulhadas numa teia de relações econômicas, históricas, culturais, religiosas, políticas, sociais, subjetivas; d) **A postura do intercâmbio**, em que as partes se assumem como protagonistas, com papéis específicos.

A Educação Popular é um processo coletivo de elaboração, tradução e socialização do conhecimento que capacita educadores e educandos a ler criticamente a realidade para transformá-la. A apropriação crítica dos fenômenos e de suas raízes permite o entendimento dos momentos e do processo da luta de classes, ajudando a quebrar toda forma de alienação, e a buscar a descoberta do real e sua superação.

A LUTA POPULAR

Nos momentos de *crise de horizontes* e projeto, não se pode cruzar os braços, nem ficar no saudosismo do passado e na criação de *espaços intermináveis de lamentação.* Em tempos de certa angústia, a missão principal é procurar caminhos que respondam às inquietações do novo tempo, e não cair na tentação das *ondas* que se apresentam vendendo fáceis soluções.

Entre as sedutoras "*saídas*" estão: a) a busca desesperada de atrair a classe oprimida pelo *discurso radicalizado*; b) o *pragmatismo,* que vende os ideais *por um prato de lentilhas,* buscando resultados imediatos e pregando que os ganhos econômicos levam ao fim da exploração; c) produzir eventos, ir de *campanha em campanha*, cansando as pessoas; d) *encher a agenda* para preencher com atividades o vazio da qualidade; e) refugiar-se na academia, por um diploma em qualquer disciplina, justificado como conhecimento e "preparação"; f) reduzir a complexidade das respostas a um método, visto como técnica ou "receita" que, aplicada, realiza milagres.

Seria insensatez negar a necessidade da *agitação e da propaganda,* abdicar das *conquistas econômicas*, abandonar a promoção de *eventos*, condenar a busca do *estudo* permanente ou desprezar a aplicação de métodos que contribuam na apreensão dos conteúdos e sua aplicação na realidade. Mas tudo isso só tem sentido quando inserido em um *processo.* Mesmo que muitos processos tenham sido vividos em outros contextos, é possível extrair dessas experiências *lições* que, aplicadas criativamente, podem servir hoje. O roteiro a seguir é uma tentativa de resgatar a *prática social acumulada,* sabendo que a sequência dos *passos* varia, se mistura, se completa:

A luta popular se inicia com pessoas: entrar na luta é uma iniciativa pessoal, representa uma opção de vida baseada na convicção da justeza da luta contra toda forma de opressão; isto exige das pessoas entrega *até* as *últimas consequências.* O trabalho popular sempre deve tender à *massividade*, mas nunca é algo que *nasce grande* – se nasce grande, morre; se permanece pequeno, desaparece. Para ter sustentação, deve sempre partir de alguém que já é militante de uma causa, através de um processo multiplicador.

Núcleo inicial de vanguarda: não há como predeterminar etapas, mas a preocupação básica da militância é reunir, desde o começo, um núcleo "inicial" de vanguarda. Tal núcleo deve ser selecionado por critérios mínimos, como clareza de rumo, firmeza ideológica, ousadia, postura democrática, entusiasmo, disposição... Ao iniciar um trabalho, é preferível ter *uma pessoa de confiança na região do que muita gente na reunião.* Essas "sementes" de vanguarda, escolhidas entre a gente insatisfeita, disponível, solidária e discreta, precisam ser acompanhadas e qualificadas.

Aproximar-se da classe trabalhadora: o fermento só tem sentido se metido no meio da massa, especialmente de quem trabalha na produção. A finalidade é descobrir, organizar e formar gente disposta a um processo de transformação das estruturas da sociedade capitalista. A competência profissional, a formação acadêmica ou o modo de inserção não são garantias; podem ser instrumentos para criar confiança e permitir o contato e o diálogo, sem os quais não há caminhada.

Convencer o maior número de trabalhadores: a missão da militância é atrair e mobilizar muita gente porque *a mudança só se faz com o povo em luta.* O convencimento vem por meio da agitação (denúncia) a propósito de qualquer exploração ou a partir de um sinal sentido de opressão – panfletos, comícios, protestos... Mas vem também pela propaganda (divulgação) das lutas, das conquistas e dos valores do projeto socialista no meio da classe oprimida. Para realizar isto é necessário presença, enraizamento e cumplicidade.

Formar núcleos de trabalhadores: *ir para a massa* visa reunir, mobilizar, conseguir conquistas, mas, sobretudo, formar pequenos núcleos de trabalhadores. Esses núcleos devem conhecer *os quatro cantos do território*, ter o diagnóstico da realidade, entender a cultura, a economia, as formas de organização, a história de resistência e o potencial de cada lugar. E precisam capacitar-se para *atuarem* lá onde acontece a exploração, envolvendo os próprios interessados no processo, partindo da *porta que esse povo oferece.* Para que as massas oprimidas cheguem a tomar uma posição política, não é suficiente a *propaganda e a agitação.* A massa precisa *fazer a experiência política do enfrentamento,* fazer ações que resolvam problemas concretos; esse passo imediato deve se ligar à marcha geral dos acontecimentos por mudanças *radicais.*

O trabalho de base: é a ação política transformadora de militantes da organização popular que atuam sobre um território. Sua missão é despertar, estimular, organizar, acompanhar e promover ações que resolvam os problemas do cotidiano da classe trabalhadora e fazer a ligação dessa luta com a luta geral contra a opressão.

A formação política: o entusiasmo e a força são insuficientes para vencer a opressão. A classe oprimida precisa juntar a força, o pensamento e a esperteza para vencer a dominação. Ter formação é saber *desmontar* o sistema capitalista e elaborar políticas para resolver os problemas do povo, imediatas e em longo prazo. É fácil derrotar quem não estuda e quem não pensa. É compreensível que pessoas *estudadas* não entrem na luta, mas é imperdoável que as lutadoras não estudem, não sejam intelectuais.

Forte movimento de massa: o trabalho de base deve ser a ação de um movimento de massa autônomo e de caráter nacional que se pauta por um projeto estratégico de transformação. Esse movimento considera as realidades e culturas regionais e deve responder às necessidades concretas desse povo. O trabalho de base é condição e sustento do trabalho de massa; o trabalho de massa deve ser expressão e consequência do trabalho de base.

Formar uma frente de lutas: os interesses comuns levam a classe oprimida a buscar aliados, estratégicos ou pontuais, para encarar a dominação. Articulação é a descoberta de que ninguém pode fazer tudo sozinho, a crença no poder de fogo da ação conjunta e a *união de esforços* para atingir *objetivos* que estão na *mesma direção*. Essa frente deve articular as práticas de luta – a união campo-campo, cidade-cidade, cidade-campo – e torná-las as mais amplas possíveis, no nível nacional e internacional.

O levante da massa: para que a revolução estoure, é necessário que exista o agravamento, além do comum, da miséria e do desespero das classes oprimidas; é preciso que "a base não deseje mais" viver como antes, e "o cume não o possa mais", e que haja uma intensificação acentuada da atividade das massas. O indício de uma revolução é a rápida elevação do número de pessoas preparadas para a luta política, na massa trabalhadora e oprimida, que enfraqueça o governo e torne possível a sua pronta substituição. Só a massa pode realizar uma transformação radical.

O partido dirigente: a direção do processo da luta popular deve ser feita por uma organização política com projeto estratégico. A finalidade desse projeto é *a constituição do proletariado como classe, a derrubada da supremacia burguesa e a conquista do poder político pelo proletariado.*

Sem a direção do partido político, a luta econômica e social *só reforma e reforça o sistema de dominação.* A essência da luta popular é responder às necessidades concretas do povo e contribuir na constituição de um instrumento político de caráter partidário que formule um projeto capaz de transformar, pela raiz, as estruturas da sociedade capitalista.

Uma organização política que conhece, acompanha e estimula processos de luta de movimentos autônomos será capaz de *dirigi-los politicamente* e avançar na construção da sociedade socialista.

MOVIMENTO POPULAR

O **movimento popular** é a justa reação da classe oprimida – individual ou coletiva, pacífica ou violenta, espontânea ou organizada – contra diferentes formas de injustiça e dominação. A reação pode ser contra a exploração econômica, contra abusos de poder, contra a manipulação ideológica, contra a discriminação ou o preconceito de cor, sexo, religião, idade etc. Essa indignação popular pode ficar só na revolta momentânea ou pode ser canalizada para conseguir objetivos cada vez maiores. O movimento é sempre maior que a organização. Quando a organização já não expressa a rebeldia de um povo indignado, torna-se apenas uma estrutura burocrática sem alma e sem razão de existir. Existem diferentes formas de luta popular:

Movimento de massa

A palavra massa não significa o povo desorganizado e sem consciência. Massa é o conjunto da classe trabalhadora que produz as riquezas materiais e espirituais de um país. Movimento de massa é a parte organizada de uma categoria profissional ou setor da sociedade que se junta para conquistar interesses específicos, concretos e imediatos. Nesse sentido, movimento é a *parte do povo que se levanta* contra qualquer forma de injustiça ou de opressão.

Luta assistencial

Uma ação é assistencial quando busca resolver um problema emergencial. Torna-se assistencialismo quando não se preocupa em revelar que existe uma raiz e responsáveis por essa situação. Um movimento pode denunciar a fome e até consegue dar *um peixe;* porém acha ou explica que essa conquista é presente ou favor de algum governo, ou a *caridade* de um benfeitor.

O assistencialismo não deixa que as pessoas *andem com os próprios pés.* Por isso, o pobre fica dependente de políticos, de patrões ou de alguns líderes religiosos. Em vez de combater a raiz da injustiça, o povo fica esperando *compaixão* ou alguém que resolva seu problema. Há governos que usam a política compensatória para conter a carência dos pobres. Os demagogos manipulam o ato caritativo porque sabem que "*com banana e bolo se engana um tolo*". A miséria é tanta que o povo não presta atenção no alerta do poeta: "*a esmola ou enche de vergonha ou vicia o cidadão*". Pois *sofrimento, em si, não gera consciência; gera apenas conformação.*

Luta econômica

O sindicalismo é uma forma de organização que luta para diminuir ou frear os efeitos da exploração econômica. Quem participa do movimento sindical já descobre que tem direitos e que a classe patronal explora a classe trabalhadora. Mas o movimento sindical não questiona o jeito como está organizada a sociedade, dividida em classes. Junta, esclarece, denuncia, organiza, pressiona para conseguir melhorias nas condições de vida e trabalho. Combate os efeitos da doença, mas não ataca a raiz do problema. A luta sindical chega até a *ensinar o povo a pescar,* mas só busca a conquista dos interesses imediatos, que só *remendam o sistema* de exploração. É como *reformar* uma casa velha.

Movimento por direitos

Quando o povo compreende que é parte do país e tem direitos por ser cidadão, cria movimentos que lutam pela educação, saúde, diversão, segurança, transporte, moradia... O movimento feminista, por exemplo, é um movimento popular que luta contra a discriminação sexual e pelos direitos das mulheres. Diz-se que é um **movimento popular** por direitos porque junta pessoas que decidem arrancar do Estado ou da sociedade leis e comportamentos que respeitem e garantam seus direitos. Mesmo sendo combativo, também esse movimento popular não questiona a organização do Estado, criada para servir à classe que está no poder. Por isso, as pessoas conseguem direitos na lei, mas só com muita luta vão ter esses direitos na vida real.

A luta política

A classe dominante reduz a política ao processo eleitoral. Política é mais que votar – é conquistar o poder para decidir as coisas na sociedade. O movimento político organizado é formado por pessoas conscientes. Dele participam aqueles que descobrem as raízes da exploração e organizam sua ação para transformar a sociedade capitalista. Sem mudar a sociedade, dividida entre explorados e exploradores, o povo continuará oprimido. Os *grandes* têm medo de gente consciente. Dizia D. Hélder Câmara: "Se dou comida aos pobres, me chamam de santo; se pergunto por que eles passam fome, me chamam de comunista".

A militância aprendeu que é preciso *dar o peixe* pra quem tem fome e que é *preciso ensinar o povo a pescar,* pra sair da dependência. Mas, por sua consciência, sabe que, se a classe oprimida não *tomar de volta os rios*, hoje propriedade privada dos grandes, nunca vai derrotar a exploração que é a causa da fome. O movimento político fermenta a massa e ajuda *o povo a* entender a realidade, a *se levantar* e a transformar a sociedade de classes. Assume a missão de despertar a classe oprimida, pois todo *poder nasce do povo e pelo povo deve ser exercido.*

Interdependência

Um movimento é uma ferramenta que serve para determinadas ações, em determinados momentos. Mas, como todos têm como objetivo o fim da exploração, precisam manter uma forma de articulação entre esses diversos instrumentos. A interdependência pode ser explicada como a ligação existente entre as várias partes do corpo. Os órgãos têm funções diferentes, mas trabalham para o mesmo fim, de forma combinada. Essa organicidade é a capacidade de fazer com que as ideias, discussões e orientações da luta popular percorram todo o corpo das organizações populares e se articulem, de forma permanente, para garantir a unidade de pensamento e de ação.

Organização popular

A organização popular canaliza a reação popular para conseguir os interesses de um grupo, de forma permanente. Sua finalidade é juntar, esclarecer, organizar a classe trabalhadora, qualificar a militância, mobilizar a massa e lutar para alcançar seus objetivos imediatos e seus interesses de classe. Toda organização que já não representa a força do movimento popular vira uma ferramenta desafiada e desacreditada pelo povo.

O povo se mobiliza quando sente *que vai perder um direito ou pode alcançar uma vantagem*. Ele só entra e só continua em uma organização se ela consegue resultados visíveis. Esses resultados podem virar *presentes de grego* ou *esmolas*. Só não acontece se a militância ajudar no esclarecimento do povo para o enfrentamento com os donos do poder econômico, político e ideológico. Porque a sociedade *que interessa* à *classe trabalhadora* só se constrói com luta e se essa luta de libertação se tornar *dos humildes, para os humildes e pelos humildes*.

Para ligar a luta específica e concreta com a luta geral pela transformação da sociedade, o movimento precisa juntar a luta assistencial, a luta pelos ganhos econômicos, a luta pelas políticas públicas e a luta pela igualdade com a luta pelo poder. Essa articulação é feita através da organicidade – militantes, dirigentes, base e massa para juntar massa e militância em um só movimento.

EDUCAR AS MASSAS

Roteiro adaptado a partir de citações de Mao Tse-tung

A direção e as massas

- Devemos confiar nas massas e devemos confiar no partido. Esses são dois princípios fundamentais. Se duvidarmos deles, nada poderemos fazer. Para fazer a revolução, necessitamos de um partido revolucionário fundado na teoria marxista-leninista que dirija politicamente a classe operária e as grandes massas para a vitória sobre o imperialismo e seus lacaios.
- Além da direção do partido, há um outro fator decisivo: a quantidade da população. A quantidade significa maior fermento de ideias, maior entusiasmo e maior energia. O povo, e só o povo, constitui a força motriz na criação da história universal. As massas são os verdadeiros heróis; sem compreender isso, é impossível adquirir até mesmo os elementos mais básicos.
- Nunca dissimulamos nossas aspirações políticas. Está bem definido, não cabe dúvida, que o programa de futuro, o programa máximo, é fazer nosso país avançar para o socialismo e o comunismo. Nossa organização e concepção marxista do mundo apontam inequivocamente para esse ideal supremo. O objetivo último por que se batem os comunistas é a instauração definitiva da sociedade socialista e comunista.

- Dirigir significa decidir sobre a orientação geral e as medidas específicas, mas também definir os métodos de trabalho correto. Mesmo que as orientações gerais e as medidas específicas sejam corretas, pode haver problemas se não cuidamos dos métodos de trabalho.
- O dogmatismo e o revisionismo são contrários ao marxismo. Dogmatismo é tomar o marxismo como algo rígido; o marxismo deixaria de ter vida se ficasse estagnado. Revisionismo é negar os princípios básicos do marxismo. Atualmente, o revisionismo é um oportunismo de direita ainda mais pernicioso que o dogmatismo.

Só a massa faz transformação

- As massas populares dispõem de um poder ilimitado. Elas podem organizar-se e marchar para todos os lugares e setores de trabalho nos quais possam dar livre curso à sua energia. Elas podem se orientar para a produção e criar para si próprias um número crescente de obras de bem-estar. As massas têm um entusiasmo potencial inesgotável pelo socialismo. Só uma pessoa que não sabe mais do que seguir a velha rotina é incapaz de perceber tal entusiasmo; quem segue a velha rotina sempre subestima o entusiasmo popular.
- As massas podem se levantar como um poderoso furacão, tempestade ou força vertiginosa e violenta que nenhum poder deterá. Quebrarão as cadeias e amarras e se lançarão pelo caminho da libertação – sepultarão os imperialistas, caudilhos militares, funcionários corruptos, déspotas locais... Todos os partidos revolucionários e todos os camaradas revolucionários serão postos à prova pelas massas.
- A revolução deve apoiar-se nas massas populares, contar com a participação de muita gente. É preciso combater a simples confiança num punhado de indivíduos que ditam ordens, que trabalham num frio e quieto isolamento. Tais "dirigentes" resistem em dar explicações aos dirigidos e não sabem como favorecer a

iniciativa e a energia criadora das massas. Como não têm um método de trabalho, não orientam sobre o que se deve e como se deve fazer o trabalho.

- Toda tarefa, toda política e todo estilo de trabalho corretos correspondem às exigências da massa e reforçam os laços da direção com ela; ao contrário, tarefas, políticas e estilos incorretos nunca correspondem às exigências da massa e dela afastam as direções.
- Nunca devemos fingir que conhecemos aquilo que não conhecemos, nem ter vergonha de consultar os que consideramos iniciantes. Há que ser aprendiz antes de chegar a ser mestre; antes de dar direção, há que se escutar os dirigidos. Eles podem, ou não, estar corretos, mas há que escutar e, depois de escutar, analisar. Devemos escutar os pontos de vista corretos e agir de acordo com eles. Seria incorreto não escutar os pontos de vista errados, contudo esses pontos de vista não devem ser seguidos, mas sim criticados.
- A razão por que males como o dogmatismo, empirismo, autoritarismo, seguidismo, sectarismo, burocratismo e arrogância no trabalho popular são nocivos e intoleráveis está no fato de que esses males afastam a militância das massas.
- O autoritarismo é errôneo porque ultrapassa o nível de consciência política das massas e viola o princípio da ação voluntária das massas. O autoritarismo manifesta o mal chamado precipitação. A militância não pode pensar que tudo o que ela compreende está também compreendida pelas grandes massas. Só penetrando no seio das massas e fazendo investigações é que se pode descobrir se elas compreendem ou não um assunto e se estão ou não dispostas a passar à ação. Fazendo assim, é possível evitar o autoritarismo.
- O seguidismo é igualmente errôneo, já que se mantém abaixo do nível de consciência política das massas e viola o princípio de dirigi-las no seu avanço. O seguidismo manifesta o mal chamado **lentidão**. A militância não deve pensar que as massas não compreendem aquilo que eles próprios não compreenderam.
- Às vezes, as grandes massas nos ultrapassam e estão ansiosas para avançar um passo, enquanto os camaradas são incapazes de atuar como seus dirigentes. Refletem a opinião de elementos atrasados, tomam tais opiniões como se fosse a opinião das grandes massas e

põem-se, assim, a reboque desses elementos atrasados. É o oportunismo de esquerda.

- É necessário criticar os defeitos do povo, mas, ao fazê-lo, é preciso partir verdadeiramente da posição do povo e agir inspirado pelo desejo ardente de defendê-lo e educá-lo. Tratar o povo e os camaradas como inimigos é assumir a posição do inimigo.
- É essencial guardar-se da arrogância. Isso é questão de princípio para os dirigentes, além de ser uma importante condição para manter a unidade. Ninguém, mesmo quem não cometeu falhas graves ou conseguiu grandes êxitos no trabalho, deve ser arrogante. Nunca devemos fingir que conhecemos o que não conhecemos, nem ter vergonha de consultar os que consideramos iniciantes. Há que ser aprendiz antes de chegar a ser mestre; antes de dar direção, há que escutar os dirigidos.

Ficar longe do povo é uma forma de ficar contra o povo

- Para ligar-se às massas, importa agir de acordo com as necessidades e aspirações das massas. Todo trabalho com as massas deve partir de suas necessidades, e não da vontade de qualquer indivíduo, ainda que bem-intencionado. As massas podem estar ou não corretas, mas há que escutar e, depois de escutar, analisar. Devemos escutar os pontos de vista corretos e agir de acordo com eles. Seria incorreto não escutar os pontos de vista errados, contudo, esses pontos de vista não devem ser seguidos, mas sim criticados.
- Acontece, às vezes, que, objetivamente, as massas precisam de certas mudanças, mas subjetivamente ainda não estão conscientes dessa necessidade, não a desejam ou ainda não estão determinadas a realizá-la. Nesse caso, devemos esperar pacientemente. Devemos seguir dois princípios: a) a necessidade real das massas, e não o que imaginamos que sejam suas necessidades; b) o desejo livremente expresso pelas massas e as decisões que tomam por si próprias, e não as decisões que tomamos em seu lugar.
- A produção das massas, os interesses das massas, a experiência e o estado de ânimo das massas eis que os quadros dirigentes devem

prestar uma constante atenção. Devem prestar profunda atenção aos problemas relativos à vida da massa (terra, comida...). Todo problema que diga respeito à vida das massas deve ser posto na ordem do dia, deve ser discutido e sobre ele tomados decisões e encaminhamentos, controlando seus resultados.

- Não devemos realizar mudanças senão quando, em virtude do trabalho da militância, a maioria das massas se tenha tornado consciente dessa necessidade objetiva e esteja desejosa e determinada a realizá-la. Senão a militância se isola das massas. Enquanto as massas não estão conscientes e desejosas, toda espécie de trabalho que requer sua participação vai resultar em mera formalidade e termina em fracasso.
- A militância deve fazer com que as massas compreendam que ela representa seus interesses e respira o mesmo ar que elas. Deve ajudar para que, partindo dessas realidades, cheguem à compreensão das tarefas mais elevadas como as tarefas revolucionárias. Assim, vão apoiar a revolução, ajudar a ampliá-la por todo o país, a responder aos apelos políticos e a lutar, até o fim, pela vitória da revolução.
- A orientação é que o partido inteiro esteja vigilante e vele para que nenhum camarada, em qualquer posto de trabalho, se aparte das massas populares. É necessário ensinar cada camarada a amar as massas populares, ouvir atentamente a sua voz e a identificar-se com as massas onde quer que se encontre.
- Em vez de colocar-se acima delas, a militância deve penetrar profundamente no seio das massas, despertá-las, contribuir para elevar sua consciência política, de acordo com seu nível atual. Nosso dever é de, passo a passo, e seguindo o princípio da plena voluntariedade, ajudá-las a organizar-se e a travar todos os combates essenciais permitidos pelas circunstâncias internas e externas, de cada momento e lugar.
- Se tentarmos passar à ofensiva quando as massas ainda não estão despertadas, isso será aventureirismo. Se insistirmos em levar as massas a fazer alguma coisa contra a sua vontade, o resultado será inevitavelmente, o fracasso. Por outro lado, se não avançarmos quando as massas pedirem que se avance, isso será oportunismo de direita.

- Em geral, as massas compõem-se de três categorias: as pessoas relativamente ativas, as intermediárias e as relativamente atrasadas. A direção deve saber unir à sua volta o pequeno número de elementos ativos e se apoiar neles para elevar o nível das pessoas intermediárias e conquistar os elementos atrasados.
- No trabalho prático do partido, a direção correta é, necessariamente, das massas para as massas. Isso significa: a) recolher as ideias das massas (ideias dispersas, não sistemáticas); b) concentrá-las (pelo estudo, transformá-las em ideias sintetizadas e sistematizadas); c) ir de novo às massas para propagar e explicar essas ideias, de tal maneira que as massas assumam como suas, persistam nelas e as traduzam em ação; d) verificar a justeza dessas ideias no decorrer da ação das massas.
- Depois, é preciso voltar a concentrar as ideias das massas e levá-las, outra vez, às massas para que estas persistam nessas ideias e as apliquem firmemente. Assim, repetindo indefinidamente esse processo, as ideias vão se tornando cada vez mais corretas, mais vivas e mais ricas. Essa é a teoria marxista do conhecimento. Então, nossa tarefa é recolher as ideias das massas, concentrá-las e levá-las novamente às massas, a fim de que estas as apliquem firmemente – assim se chega a elaborar ideias justas de direção.
- Tal é o método fundamental de direção. Para isso, é preciso ir para o meio das massas, aprender com elas, sintetizar suas experiências e tirar dessas experiências alguns princípios e métodos ainda melhores e mais sistemáticos. Depois, explicá-los às massas (fazer a propaganda) e chamá-las a pôr tais métodos em prática para resolver seus problemas e alcançar a libertação e a felicidade.

Pior que não saber o que fazer é não fazer o que se entendeu

- É preciso agarrar a missão com firmeza, pois ninguém pode agarrar a luta com a mão aberta ou com a mão frouxa. Sem agarrar, nada feito; mas sem agarrar com firmeza, também nada feito. Por isso, devemos banir de nossas fileiras toda ideologia de fraqueza e impotência. São errados todos os pontos de vista que superestimam a força do inimigo e subestimam a força do povo.

- A revolução não é um convite para jantar, uma obra literária, a pintura de um quadro, a confecção de um bordado. Não é uma coisa refinada, calma, delicada, branda, afável, cortês, comedida e generosa. A revolução é uma insurreição, é um ato de violência pelo qual uma classe derruba outra. Somos partidários da abolição da guerra, não queremos a guerra. A guerra, porém, só pode ser abolida por meio da guerra. Para acabar com as armas, há que se pegar em armas.
- A guerra revolucionária é uma guerra de massas, ela só pode realizar-se mobilizando as massas e apoiando-se nelas. A verdadeira muralha de ferro que nenhuma força pode romper são as massas que genuína e sinceramente apoiam a revolução. A maior fonte de energia para a guerra está nas massas populares.
- É principalmente por causa do estado de inorganização das massas populares que os imperialistas ousam violentar-nos. Quando essa falha for eliminada, o agressor, tal como um búfalo caído num anel de fogo, se verá cercado pela grande massa que constitui o nosso povo em pé; basta que gritemos e ele se lançará em pânico na fogueira e morrerá queimado.
- Na etapa atual, todas as classes, camadas e grupos sociais que aprovam, apoiam e trabalham pela causa da construção socialista entram na categoria de povo. Todas as forças e grupos sociais que resistem à revolução socialista, que hostilizam ou sabotam a edificação socialista, são os inimigos do povo. Todo aquele que se coloca ao lado do povo revolucionário é um revolucionário. Todo aquele que se coloca ao lado do imperialismo e do capitalismo é um contrarrevolucionário. Todo pessoa que se coloca ao lado do povo revolucionário, em palavras e em atos, é de verdade revolucionária.
- Somente através da experiência popular – que é o processo e o resultado da aplicação de uma política – se pode verificar se uma política é correta ou incorreta. Por isso, antes de passar à ação, um partido revolucionário deve explicar a política formulada, à luz das circunstâncias dadas, aos membros do partido e às massas.

Do contrário, tanto o partido como as massas acabam afastando-se da política formulada, atuando cegamente e realizando uma política errada.

- Em certos lugares, em órgãos de direção, há pessoas que acham suficiente que só a direção conheça a política do partido; não acham necessário dá-la a conhecer às massas. Essa é uma das razões por que o trabalho não pode se realizar bem. Saber converter a política do partido em ação das massas, saber conseguir que os quadros dirigentes e também as grandes massas compreendam e dominem cada movimento e cada luta é a arte da direção marxista-leninista.
- Por mais ativo que seja o grupo dirigente, sua atividade se reduz a um esforço infrutífero de um grupinho se não for combinada com a atividade das grandes massas. Mas, se apenas as grandes massas são ativas e não há um forte grupo dirigente que organize essa atividade, ela não se manterá por muito tempo, não avançará na justa direção, nem atingirá um nível mais elevado.
- O espírito de abnegação e devoção pelo povo nasce do sentido da responsabilidade da tarefa e do ilimitado afeto pelos camaradas e o povo.
- É preciso eliminar a ideia (existente em muitos quadros) de que é possível conquistar vitórias fáceis graças a acasos felizes, sem luta dura, sem suor e sem sangue.
- Onde há luta, há sacrifício, e a morte é coisa frequente. Como temos em mente os interesses e os sofrimentos da maioria do povo, sacrificar-se por ele é dar à nossa entrega toda a significação. Mas é preciso evitar os sacrifícios desnecessários.

LUTA POPULAR E MODELO ORGÂNICO – Roteiro

Abertura

A luta popular não é um *evento* que *nasce grande*. Evento que não se torna fato político é vento. A luta que nasce *monstra* tende a morrer, assim como a luta que não cresce tende a desaparecer. A luta, como uma fonte de água, precisa virar riacho, tornar-se rio e chegar ao mar. A experiência local deve irradiar-se e alcançar a dimensão nacional e até internacional. Por isso, a luta popular que tem como horizonte a transformação **prioriza** a parte, como *ponto de partida*, porque seu objetivo é a inclusão do todo, como *ponto de chegada*.

A luta popular torna-se referência por sua **exemplaridade,** quer dizer, é capaz de universalizar-se. É nessa irradiação que a luta popular articula os resultados quantitativos e qualitativos, a eficiência e a eficácia, a dimensão econômica e a dimensão política. Nesse aprendizado, ela se multiplica e se reproduz, em recriação constante, conforme os tempos e culturas. Esse processo produz **impacto** na realidade, **influencia** o contexto e **cria a força própria** de um movimento. No Brasil, há diversas formas de organização popular criadas pelos povos indígenas, pelos remanescentes dos quilombos, pela população cabocla, pelos povos imigrantes, pelos camponeses, pela classe operária, pelas pastorais inseridas no meio popular... com a finalidade de conquistar e garantir o direito dos explorados e dominados. Considerando essa história e a conjuntura do país, o movimento popular, hoje, entende que, para cumprir sua missão, precisa construir uma nova **organicidade**.

Organicidade

A ideia de **Organicidade** vem de ó**rgão,** enquanto parte de um corpo. O corpo possui muitos órgãos que, embora diferentes, trabalham para o mesmo fim. Organicidade é, então, a capacidade que um Movimento tem de fazer com que as ideias, discussões e orientações comuns percorram e se articulem, em todo o corpo da organização, de forma permanente. Esse fluxo constante garante a unidade de pensamento e de ação, com autonomia relativa das partes, para aplicar, de maneira criativa, suas decisões gerais, além de cuidar de sua autorreprodução.

A organicidade eficaz do movimento popular requer a existência de uma organização capaz de fazer a escolha criteriosa da sua militância e investir na sua qualificação política, técnica e cultural, a fim de atuar em qualquer lugar ou conjuntura e sob quaisquer condições. Mas esse tipo de organicidade só alcança sua finalidade quando favorece espaços de debate e cria instâncias horizontais de decisão coletiva, combinadas com mecanismos de comando.

O movimento popular, hoje, para alcançar seus objetivos, inclusive suas conquistas econômicas, precisa aperfeiçoar seu estágio de organização e sua organicidade. Ou seja, precisa implantar a **concepção** de luta e organização que dê consistência política e ideológica ao movimento de massa. É isso que o prepara para fazer a luta econômica, resistir em tempos de desmobilização e contribuir na busca por uma alternativa de poder.

Optar por essa concepção de luta e organização é a reafirmar que *quanto mais povo organizado, mais poder*; pois o poder vai bem além do voto, da ocupação de postos no aparelho de Estado ou do governo; **é** crer que a força está no povo consciente, organizado, participante e mobilizado; **é** saber que só a massa conquista o poder quando dirigida politicamente por quem tenha a capacidade de mobilizá-la do ponto de vista orgânico, ideológico e transformador.

A luta popular

A luta popular é **a justa reação** da classe oprimida, que, de forma pacífica ou violenta, espontânea ou organizada, escondida ou aberta, se contrapõe às diferentes formas de injustiça: exploração econômica, dominação política, manipulação ideológica, discriminação ou preconceito de cor, sexo, religião, idade. Essa indignação pode ficar na revolta momentânea ou pode ser canalizada para o atendimento de demandas assistenciais, de luta por direitos sociais, de reivindicações econômicas, ou pode transformar-se em luta política, por uma **nova ordem social**.

A luta **política** é o instrumento que articula a ação de *dar o peixe* para quem tem fome, de *ensinar a pescar* para quem precisa sair da dependência e de elaborar uma estratégia para *tomar de volta os rios* que se tornaram propriedade privada. A politização exige conquistas concretas; parte dos ganhos ligados ao ***reino da necessidade*** e dá um salto de consciência rumo ao ***reino da liberdade***. *"As reformas são tão importantes que só podem ser feitas por socialistas"* (Lenin – *Que fazer*). A organização política é uma *ferramenta* para despertar e conduzir, politicamente, o *povo que se levanta*, com a finalidade de transformar o sistema capitalista.

Porém, a concepção política **reformista** representa um equívoco porque crê que, de ganho em ganho econômico, é possível alcançar a transformação estrutural da sociedade; pela postura *basista* de dirigentes que tentam dirigir a massa pela *demagogia* ou *radicalidade verbal*; por apostar que a massa, por si só, vai tomar consciência; pela prática amadora e voluntarista da militância, que não se prepara para enfrentar o capital; e) pela mistura de níveis, de compromisso e consciência, na escolha das pessoas para as atividades de elaboração, coordenação e ação.

A experiência histórica da classe oprimida, ao contrário, mostra que a luta reivindicatória e econômica, por si só, não vai além do *remendo*; que só a luta política, feita por uma organização de quadros selecionados, é capaz de canalizar o embrião da luta econômica para a transformação social; que só a organização política, inserida na luta popular, pode estimular ou criar movimentos autônomos que reconheçam e assumam suas orientações políticas e transformem essas diretrizes em decisões da sociedade.

A concepção política de transformação requer um **modelo orgânico** que tenha a capacidade de encaminhar a pauta imediata e específica da luta econômica para garantir a sobrevivência e a reprodução social, coordenada numa estrutura operativa de massa. Mas essa estrutura de massa deve abrigar uma **estrutura de quadros** que realize sua educação política e a dirija politicamente.

O método popular

É comum confundir metodologia com **método**. Metodologia são os procedimentos para realizar uma atividade, seguindo uma lógica. **Método é o olhar com o qual se olha a realidade,** são os óculos com os quais se olha a natureza e a sociedade. Tem gente que olha como natural a existência de *um pedreiro que faz casas e vai dormir debaixo do viaduto ou do padeiro que faz pão enquanto sua família vai dormir com fome.*

O método usado pela luta popular vê a realidade como **uma disputa entre dois lados**, uma intensa luta entre o sim e o não, entre a vida e a morte, entre o novo e o velho, entre o dia e a noite. Mas, sobretudo, ajuda a classe que trabalha a perceber que, na sociedade capitalista, há uma **luta de classe** entre quem produz e quem se apropria da mercadoria – entre o capital e o trabalho. E que essa contradição (antagonismo) entre a burguesia e a classe que produz só será resolvida quando a classe que explora for vencida pela classe que produz.

Esse método, essa forma de ver o mundo, essa **concepção metodológica**, obriga a militância a ser realista, a considerar os dados materiais da realidade. Não fundamenta suas propostas em simples opiniões de quem não pesquisa, no "achismo". Por isso, não se deixa levar pelo ativismo, mas extrai da experiência as ideias para orientar sua prática. Ou seja, é essa mistura de ação, reflexão e prática que constitui o caminho necessário para sempre avançar.

O método influencia no jeito de fazer o trabalho popular. Em vez de ir a todo lugar e a todo grupo, a organização **prioriza a parte,** que tem o potencial de influenciar o todo e de arrastar o conjunto. Priorizar não significa excluir. Ao contrário, significa abandonar o leque de atividades ou de públicos para concentrar os esforços numa experiência que vai **irradiar-se**. É investir na parte, como ponto de partida, mirando a multidão, como ponto de chegada. É a aposta na qualidade para atingir a quantidade. Não começa com todos, mas com um núcleo consciente e comprometido, que se dispõe a um processo de mudança. **Centraliza** para poder atingir a **massividade organizada**, única força capaz de mudar a realidade.

A forma de organização

O que define a **forma de organizar** um movimento popular (modelo orgânico) é seu **objetivo** e sua **estratégia**. Pois a organização é o instrumento que canaliza a reação popular para conquista e garantia dos interesses de um grupo ou de uma classe. A finalidade da organização é despertar e juntar a parte do povo que se dispõe a entrar no processo de luta, organizar uma base social, elevar seu nível de consciência e mobilizar o conjunto da classe visando alcançar seus objetivos imediatos e interesses históricos.

A sociedade humana já se organizou em diferentes sistemas sociais. Hoje, o sistema social dominante é o capitalismo. Nele, a produção das riquezas materiais e espirituais é social, feita pelo conjunto da classe que trabalha, mas a apropriação dos frutos do trabalho é feita de forma privada. "Nunca dissimulamos nossas aspirações políticas. Está bem definido, não cabe a menor dúvida de que nosso programa de futuro, o programa máximo, é fazer nosso país avançar para o socialismo" (Mao Tse-tung – *Livro Vermelho*). Pois, no sistema socialista, a produção das riquezas é social; a apropriação das riquezas é feita pela classe que produz as riquezas.

Quando se **muda de objetivo, muda-se de estratégia** e de **modelo** organizativo. Se o objetivo é eleger candidatos para melhorar as leis e assegurar direitos, opta-se por uma forma de organizar. Se o objetivo é conquistar melhorias para uma base social ou categoria profissional, a organização é de tipo sindical. Mas, se o objetivo do movimento é contribuir na transformação radical da sociedade capitalista e a sua estratégia é a tomada e construção do poder popular, então, o modelo de organização deve estar adequado para essa missão.

Às vezes, a forma organizativa pode ser **determinada pelo inimigo**. Numa situação política e conjuntural como o controle ditatorial, a luta popular, para sobreviver e continuar lutando por seu objetivo e estratégia, tem criado formas de organizações legítimas como a clandestinidade, a ocupação de espaços de representação... que desafiam a legalidade e a institucionallidade burguesa.

Um movimento de caráter nacional, por seus objetivos e estratégia, então, precisa definir seu modelo orgânico, sua forma de organização, que deve ser única em todo o país, ainda que tenha características regionais. A forma orgânica, o jeito de organizar, expressa e identifica um movimento; diz o que ele é e o que ele quer. (Alegar diferenças culturais e regionais para não aplicar um modelo orgânico pode ser demonstração de incapacidade ou desculpa para formar outro movimento).

Modelo orgânico

O modelo orgânico popular se inspira na **criatura humana** que tem a dimensão **biológica** (carne, nervos, ossos...), a **psicológica** (sentimento, vontade, consciência...) e a **transcendental** (arte, estética, espiritualidade...). Esse corpo humano é formado por conjuntos de **células** que, ao mesmo tempo, são autônomas e funcionam em harmonia. A função da célula é **transportar tudo** – oxigênio, nutrientes etc. para cada parte do corpo. As células são também responsáveis pela **renovação** contínua de novas células.

Como no corpo humano, também no movimento popular, quando as células não funcionam, o corpo morre; a ausência de células compromete o sonho, os objetivos e a estratégia do movimento. Uma organização popular não se mede pela quantidade de sua base social, mas pela **quantidade de grupos de base** que organiza.Os grupos são seu início, *alicerce,* *sustentação...* é a sua **força própria**. Na sua origem, a palavra base significa *andar sobre os próprios pés.* Na luta popular, base é o povo que produz as riquezas e é explorado e manipulado pelas elites dominantes, em todos os espaços. Mas é, sobretudo, aquela parte da classe oprimida que se dispõe sempre a dar sustentação a um processo de mudança.

Wang Xiaoying / China Daily

Grupo de base é o alicerce de um movimento, sua força e seu *exército* organizado. É a porta de entrada que acolhe, escolhe e prepara as pessoas que servem para a organização popular. Um GB não é um clube de amigos, um comitê eleitoral, uma associação ou comunidade de uma igreja. O GB é a reunião de pessoas que se dispõem a lutar, não importa sua religião, partido, sexo, idade, cor da pele ou time de futebol. O GB é a afirmação do poder popular, coordenado por militantes, em determinado espaço ou território.

Os **grupos de base** são os olhos, a boca, os ouvidos e a ação direta de um movimento – são eles que colhem as opiniões, sentem a disposição e animam o povo a participar, discutir e aplicar, na vida diária, as orientações do movimento. São eles, por exemplo, que primeiro devem perceber e combater a ação de oportunistas e exploradores. Sua missão é influenciar toda a sociedade. Por isso, nas suas reuniões estudam e planejam para elevar o nível de consciência e organizar a ação concreta para resolver problemas do povo.

Os GB fazem o trabalho de base. Trabalho de base é a ação política transformadora, realizada por militantes da organização popular. Ao meter-se em uma realidade concreta, a militância desperta, organiza e, com a população, resolve os problemas sentidos de determinada base social (produção, estrada, lazer, escola, salário, jornada, preço...), ligando essa luta com a luta geral contra a opressão. Os GB se reúnem para estudar, planejar, produzir, trocar experiências, denunciar as injustiças, se divertir. Mas é também sua missão *ganhar a mente e o coração das pessoas* que não conhecem ou são contra ele e, com jeito, convencê-las a entrar na luta popular.

Grupo de base não pode ser um **corpo inchado**, deve ser um corpo com **massa muscular**. Deve ser a raiz, a musculatura, a força real de um movimento – é a massividade organizada (quantidade). Não pode ser um simples ajuntamento conjuntural e festivo. O GB morre cedo se for uma mobilização eventual, reunida só pela necessidade imediata, e não pelo sonho de liberdade (utopia, estratégia). Por isso, precisa ter um quadro militante que articule a necessidade com a liberdade – em que a cesta básica vira oportunidade para despertar a indignação da classe que trabalha contra a esmola, essa necessidade que obriga e humilha.

É o GB que **espalha** a proposta de transformação social e garante sua renovação e continuidade. Ele é a expressão política da estratégia, da força real do movimento. Sem grupos de base, o movimento vira um balão cheio de vento. O GB é a sementeira permanente de novos militantes e de novas formas de luta. É a escola onde a massa aprende a resolver os problemas do dia a dia, a se disciplinar e a ligar a necessidade com a liberdade.

Os GB funcionam como a defesa e a segurança contra os inimigos, os oportunistas e os desvios de princípios. Por ser a raiz e a essência da organização popular, eles garantem a unidade, o sangue que nutre o corpo com ideologia e ânimo para a continuidade dessa luta pelos direitos, pela vida, pela revolução, pelo poder popular, pela vitória do povo, sempre.

A relação quadro *versus* massa

O modelo orgânico popular incorpora os conceitos de **quadro** e de **massa** enquanto divisão de papéis e relação de poder. Quadro significa maior qualificação política (tem utopia, análise da realidade, elaboração estratégica, condução política, capacidade de formular propostas de mudança). Só se entende como quadro político aquele que se destaca por sua qualificação e compromisso. A massa significa o conjunto da classe que trabalha, é a quantidade que, em geral, tem um baixo nível de consciência e de elaboração política e se move pela necessidade do cotidiano.

Quadro Militante é uma pessoa nascida do povo, que coloca sua vida a serviço desse povo e une seu projeto de vida pessoal com o projeto da luta coletiva, por uma sociedade sem opressão. É alguém que já provou seu compromisso e é reconhecida por seus merecimentos. A missão da militância é acolher e reforçar o que o povo já sabe e ajudar esse povo a dar o próximo passo. "Ninguém elegeu ou nomeou esses dirigentes e, no entanto, são dirigentes, pois, em período de propaganda ou, em período de luta contra o governo, assumem o trabalho mais difícil, vão a lugares mais expostos e sua atividade é a mais proveitosa. Essa primazia não é o resultado de seus desejos, mas da confiança dos camaradas que os rodeiam em sua inteligência, energia e devotamento... Reunidas essas qualidades, temos algo mais do que uma eleição: a confiança plena e fraternal entre os revolucionários" (Lenin – *Que fazer*).

A precondição para a existência de quadros militantes é a convicção de que **só a massa faz a revolução**, que ***a mudança só se faz com o povo em luta***. O sinal da vinculação do quadro com a massa se expressa no seu amor pelo povo e no esforço de encarnar-se, no seio da classe oprimida, pela presença, enraizamento e cumplicidade. "A revolução deve apoiar-se nas massas populares, contar com a participação de muita gente. É preciso combater a simples confiança num punhado de indivíduos que ditam ordens... que trabalham num frio e quieto isolamento...". "As massas populares dispõem de um poder ilimitado. Elas podem organizar-se e marchar para todos os lugares e setores de trabalho onde possam dar livre curso à sua energia. Elas podem se orientar para a produção, em profundidade e extensão, e criar para si próprias um número crescente de obras de bem-estar" (Mao Tse-tung – *Livro Vermelho*).

Pode-se identificar alguns tipos básicos dessa relação quadro/massa. Porém, na realidade concreta, esses diferentes tipos de relação nunca são encontrados de forma pura. Eles se revelam dentro de uma contraditória e intensa interação e tensão:

O líder e a massa: esse tipo de relação é feita de forma direta, sem mecanismos de mediação. É uma relação de corte autoritário, em que o "líder sabe" e a "massa obedece", é massa de manobra. Neste caso, o carisma e a relação pessoal podem produzir o risco de "*onde ele for eu vou atrás*", assim como a prática do oportunismo, a satisfação de caprichos, a demagogia, o paternalismo, o clientelismo e toda sorte de "loucuras". O líder até pode ter uma estratégia; a massa, não. Outro problema, além da possibilidade de desvios políticos, morais e éticos, é o da segurança (*se o líder for morto...*) e o da continuidade, pois o projeto, em geral, dura enquanto dura a personalidade.

O quadro e as massas: nessa relação, o quadro é visto como o "*guia genial*" da massa "ignorante"; ele se sente "escolhido" e se mantém graças a seu carisma e sua maior competência política. Nessa relação, a massa é considerada instrumento; não é protagonista, sujeito político, e não é incluída em mecanismos de participação; apenas cumpre tarefa, aguarda orientação e *pede licença* para atuar. O risco dessa concepção é a criação de uma hierarquia sagrada, vista como superioridade, e não como serviço. Isso pode levar a abuso do poder, aproveitamento, assédios... Às vezes, reproduz-se no grupo essa imagem do todo-poderoso que se distancia do povo, que se acha o melhor e até pensa e age como se fosse insubstituível.

Quadro serviçal das massas: essa relação é uma forma de autoritarismo disfarçado – é o basismo, democratismo e autoritarismo. Costuma usar um discurso, aparentemente respeitoso, de que "aqui quem manda é a base", "aqui todo mundo manda", "a massa sabe", "o povo é a voz de Deus". Na verdade, nessa visão o povo é visto apenas como vítima. Essa concepção vale-se do "assembleísmo", defendido como espaço horizontal de consulta onde se produz a "euforia do participativo". É uma forma de legitimar a imposição da vontade do quadro ou a "covardia" para se esconder e não assumir a responsabilidade diante da realidade.

Essa prática espontaneísta e pragmática costuma funcionar (inclusive com radicalidade verbal) no calor de momentos conjunturais. "O basismo é errôneo porque se mantém abaixo do nível de consciência política das massas e viola o princípio de dirigi-las no seu avanço... Muitas vezes, as massas nos ultrapassam e estão ansiosas para avançar um passo, enquanto os camaradas são incapazes de atuar como seus dirigentes... É o oportunismo de esquerda" (Mao Tse-tung – *Livro Vermelho*).

Relação quadro-massa: o **pressuposto** essencial para a existência de um quadro, no movimento popular, é a convicção de que **a revolução é uma ação das massas** e de que a **força real** que dá corpo a uma organização são os **grupos de base** conscientes e organizados. A relação quadro-massa é buscada quando existe uma cumplicidade e complementaridade, porque ambos são indispensáveis na mesma organização. O quadro existe dentro de uma direção coletiva e se orienta por uma ideologia, um projeto, uma estratégia, uma organização e pela prática do convencimento paciente e revolucionário.

Um quadro, dentro dos limites humanos, se distingue por seu amor ao povo, sua clareza de rumo, seu profissionalismo, sua capacidade de repartir o poder e seu tino em fazer propostas justas. "Em vez de colocar-se acima do povo, a militância deve penetrar profundamente no seio das massas, despertá-las, contribuir para elevar sua consciência política... É preciso ajudar cada camarada a compreender que, enquanto estivermos apoiados no povo, e acreditarmos no inesgotável poder criador das massas populares, confiar no povo e nos identificar com ele, poderemos vencer as dificuldades..." (Mao Tse-tung – *Livro Vermelho*).

Vinculação quadro-massa: há movimentos com brilhantes direções, mas sem pernas para sustentar uma cabeça pensante – ou seja, não têm um corpo que irradie e espalhe seus sonhos, projetos e propostas. Igualmente, pode haver um forte movimento de massa, nascido de uma conjuntura, mas sem uma cabeça que lhe revele a raiz da exploração e lhe aponte uma alternativa. Na concepção popular, quadro e massa são órgãos com papéis diferentes que contribuem para a mesma causa. Esse fermento só serve se estiver metido dentro da massa; pois a massa só cresce se estiver impregnada pelo fermento. A presença do quadro militante é que dá a dimensão da utopia para a massa, que se move, inicialmente, pelo que pode perder ou ganhar.

"Por mais ativo que seja o grupo dirigente, sua atividade se reduzirá a um esforço infrutífero de grupinho se não for combinada com a atividade das grandes massas. Mas, se apenas as grandes massas são ativas e não há um forte grupo dirigente que organize essa atividade, ela não se manterá por muito tempo, não avançará na justa direção, nem atingir um nível mais elevado" (Mao Tse-tung – *Livro Vermelho*). "O povo é o sangue que dá vida à sociedade... sem irrigação sanguínea o cérebro perece... toda a direção é impotente sem a participação do povo... se o povo entrega o poder a uma pessoa ou a um grupo, o povo passa a ser menos ator que espectador (Décio Freitas – *A miserável revolução das classes infames*).

TRABALHO DE BASE

Fazer trabalho de base pressupõe acreditar numa utopia. Essa utopia, ainda que indefinida nos seus contornos e em sua hora, é irrenunciável no compromisso de construir um projeto de sociedade no qual a produção social da riqueza tenha também uma apropriação social. Para tornar possível esse sonho, é preciso elaborar, com arte e ciência, uma estratégia de poder e construir ferramentas populares que reúnam, organizem e eduquem a classe oprimida no seu processo de emancipação.

Essa utopia, apesar de combatida em tempos de pragmatismo e de *pós-modernidade*, é uma herança compartida com milhões de pessoas que vieram antes e de milhões que hoje vivem, lutam, marcham e festejam. Fazer trabalho de base é assumir-se como operário dessa *utopia que dá a razão de uma esperança coerente, criativa e subversivamente transformadora. Retomar o trabalho de base* não é a repetição saudosa de práticas e atividades do passado, nem o *basismo*, forma disfarçada de *autoritarismo*, que trata o povo como *menor incompetente* ou elogia suas ações espontâneas. Retomar o trabalho de base é resgatar uma *estratégia*, um caminho de luta e organização que *envolve os próprios interessados* no conhecimento e na solução dos próprios desafios, individuais e coletivos.

O trabalho de base reafirma três objetivos:

Participação massiva dos trabalhadores: as elites não têm medo de lideranças que se destacam. Para elas é fácil isolar, destruir, "comprar" algumas cabeças que sobressaem. O que mete medo na classe dominante é a prática de multiplicar militantes e ações. Por isso, nossa missão é invadir todos os espaços da vida (trabalho, política, cultura, religião, lazer) e construir uma rede de animação, de resistência e de vitórias.

Democratização do poder: participar do poder é ser capaz de fazer propostas, tomar decisões e repartir responsabilidades para concretizar o sonho da classe oprimida. O trabalho de base, enquanto experiência de *um novo projeto,* é uma escola de participação política. O ato de falar e ouvir, de propor e negociar, de ganhar e perder, de disputar e decidir, de comandar e de obedecer, de responsabilizar-se e de cobrar estimula a ambição de ser gente e de ter o poder coletivamente. É a escola em que se aprende a usar *o poder a serviço* da maioria, visando a transformar o país.

Construção socialista: a finalidade da luta é realizar o sonho do mundo novo, livre de toda forma de opressão, e com a possibilidade real de satisfazer os anseios materiais e espirituais das pessoas. Isto será possível quando a produção, a distribuição e o consumo forem feitos de forma solidária. Este projeto implica, desde agora, uma nova relação entre os humanos e com a natureza, sem dominação, sem competição, sem preconceitos e sem destruição.

A finalidade do trabalho de base

A *prática multiplicadora do trabalho de base* pode acontecer nas favelas, nas ocupações de terra, nas fábricas, nos espaços das igrejas, nas escolas... Ela se **sustenta** quando mantém os *pés no chão e a cabeça nos sonhos e quando c*onsegue vitórias que articulam as lutas econômicas com a luta política, social, cultural. Perdura, em qualquer conjuntura, quando combina ações de rebeldia e disputas na legalidade. Sua finalidade é:

- **Despertar** a dignidade das pessoas, a confiança em seus potenciais, ajudando-as a *andar com os próprios pés*;

- **Anunciar** o socialismo como alternativa à ganância, à competição e à dominação e propagar o sonho da sociedade sem classes;
- **Canalizar** a rebeldia popular contra a injustiça e experimentar, desde já, a sociedade *de homens novos e mulheres novas,* em que a produção, a distribuição e o consumo sejam orientados pela lógica da solidariedade;
- **Transformar** a realidade, com conquistas em todos os campos e dimensões da vida que satisfaçam os justos anseios da população.

Luta popular e trabalho de base

O *movimento popular* é a justa reação da classe oprimida – individual ou coletiva, pacífica ou violenta, espontânea ou organizada – contra diferentes formas de injustiça e dominação. A reação pode ser contra a exploração econômica, contra abusos de poder, contra a manipulação ideológica, contra a discriminação ou preconceito de cor, sexo, religião, idade, etnia...

Para que as massas oprimidas cheguem a tomar uma posição política, não é suficiente a *propaganda e a agitação.* A massa precisa *fazer a experiência política do enfrentamento,* fazer ações que resolvam problemas concretos; esse passo imediato deve se ligar à marcha geral dos acontecimentos por mudanças *radicais.*

O trabalho de base deve ser parte de um movimento de massa autônomo e de caráter nacional que contribua na construção de um projeto estratégico de transformação da sociedade. Esse movimento considera as realidades e culturas regionais e deve responder às necessidades concretas desse povo. O trabalho de base é condição e sustento do trabalho de massa; o trabalho de massa é a expressão e consequência do trabalho de base.

Trabalho de base

Trabalho de base é a ação política transformadora de militantes da organização popular, em determinado território, que estimula, desperta, organiza e acompanha o povo no enfrentamento de desafios cotidianos e liga essa luta à luta geral contra a opressão. A finalidade prioritária do trabalho de base é: a) responder às necessidades concretas de uma categoria profissional ou setor da sociedade; b) produzir quadros militantes para dirigir politicamente a luta econômica e política de transformar, pela raiz, as estruturas da sociedade capitalista.

O que é base?

Base quer dizer fundamento, alicerce, sustentação, início, parte indispensável. Na história do movimento popular, a palavra base foi acumulando vários outros significados, cada um completando o outro.

Base da pirâmide: nasce da análise da sociedade capitalista, dividida em classes, em que a classe trabalhadora produz as riquezas, e a classe proprietária (terras, fábricas, bancos...) se apodera dos frutos do trabalho. Quem trabalha é a *base do mundo* e, ao descobrir *a força que tem,* pode *derrubar a velha pirâmide* e organizar uma sociedade sem opressão.

Comunidade de base: nasceu com a experiência da população de resolver um problema concreto em um bairro ou comunidade (luz, água, asfalto, saúde, festa). Tomou força com as CEBs, que levaram os cristãos ao compromisso social, a partir da sua fé evangélica.

Categoria profissional: na reconstrução das organizações populares, sobretudo os sindicatos, a palavra base passou a significar o conjunto de pessoas com a mesma profissão e os mesmos interesses econômicos, ainda que não sejam afiliadas nem se mobilizem.

Opção política: o crescimento da luta popular mostrou que não basta alguém trabalhar ou ser explorada para ser militante da transformação. Base, então, passou a significar a parte do *povo que se mexe*, que toma consciência da opressão e se engaja num processo de construção de uma nova sociedade. Qualquer pessoa, não importa a origem, pode ser base desse projeto político alternativo ao capitalismo.

Em resumo: base é o povo em movimento em todos os espaços. Significa começo, sustentação, algo indispensável, que não pode faltar. É, sobretudo, a parte da classe oprimida que sempre se dispõe e dar sustentação a um processo de mudança.

Eficiência e eficácia do trabalho de base

Uma atividade eficiente (bem realizada) pode até gerar a *euforia do participativo*. Mas seria uma prática tão autoritária como a imposição caso não seja eficaz, não torne pessoas e grupos protagonistas na transformação da realidade. Uma experiência popular é eficaz quando:

- anima, apaixona e estimula a identidade e a dignidade das pessoas (autoestima);
- mobiliza, porque rompe com a situação de dormência, fatalismo e a sensação de impotência gerada pela dominação;
- aumenta o grau de consciência e de apropriação dos conteúdos e do método;
- capacita, política e tecnicamente, a militância para atuar sobre realidade através da experimentação direta e permanente;
- qualifica militantes a uma reprodução criativa, como parte que se tornam multiplicadoras;
- canaliza a luta de emancipação para um projeto alternativo à *inclusão capitalista* em que *não haja lugar para a classe oprimida.*

COMO FAZER O TRABALHO DE BASE

O trabalho de base é a ação política transformadora, realizada por militantes de uma organização popular que mete o corpo em uma realidade e contribui para despertar, organizar e acompanhar sua população na solução dos problemas do cotidiano também ligando essa luta à luta geral contra a opressão.

Assim, todo movimento que busca a transformação da realidade deve fazer trabalho de base. Para isso, não existem "receitas" nem prazos. Mas, ao conhecer e comparar várias experiências, identificamos e sistematizamos diversos pontos em comum que aparecem como indispensáveis e permanentes:

Preparação

- O trabalho de base deve ser **decisão** de uma organização popular, por ser parte da sua estratégia.
- A seleção da **área** ou **grupo prioritário** segue critérios políticos, econômicos, históricos e geográficos.
- O trabalho de base exige **preparação** de militantes experimentados ideológica, política e pedagogicamente.

- A formação do **núcleo inicial** é necessária para a elaboração do plano, para a definição de metas, para o acompanhamento e para a avaliação constantes.
- Junto com o estudo inicial, ou o plano de ***deslocamento***, define-se o plano de sustentação **financeira.**

Execução

1. Militante: aproxima-se, entra em *contato, mete o corpo na* realidade de um grupo ou território. Não existe trabalho de base a distância, por telefone... Uma base social não é lugar de "turismo" ou visita quando sobra tempo.

2. Conhecer os quatro cantos do território: conhecer é mais do que ter as informações, ainda que necessárias. Conhecimento é aproximação, contato direto e cotidiano. O conhecimento da realidade gera informações por observação, conversa, visita, pesquisa. Conhecer e ser conhecido é deixar de ser *estranho.* É um exercício que exige *cumplicidade* e aprendizado da *linguagem* para favorecer a integração, a troca e a confiança. Entre as informações indispensáveis para esse diagnóstico permanente estão os dados que:

- tratam do **jeito do povo** – linguagem, costumes, simbologia, mitos, celebrações;
- tratam do **"território"** – geografia, cultura, costumes, saberes, população;
- tratam da **economia** – empresas, trabalhadores, tipos de trabalho, volume da produção, renda;
- mostram o **social e o político** – lideranças, personalidades, entidades e organizações, inimigos, amigos, adversários;
- indicam **carências e potenciais** – situação social, valores culturais e artísticos;
- revelam o **subjetivo** – sentimentos, desejos, ainda que pareçam ingênuos ou reproduzidos;
- falam da **história** – luta individual, grupal, espontânea, organizada, pacífica, violenta;

3. Descobrir sementes de militantes: mais importante do que fazer reuniões é descobrir pessoas insatisfeitas, com disposição para mudanças, que pensem além de sua família, sejam coerentes entre o prometido e o feito e sejam discretas. Pessoas que se destacam nesses critérios podem tornar-se **referências** mais adiante.

4. Fazer ações concretas: os dados da realidade podem sugerir propostas concretas de ação. A militância tem que "sacar" o que o povo está disposto a fazer para realizar seus desejos. A ação deve ser aquela na qual o grupo participa porque está dentro da compreensão, do momento e do ritmo que ele suporta – jogo, festa, celebração, protesto, mutirão, disputa política... A militância pode e deve apresentar propostas. Não pode impor, porque ações não assumidas geram acomodação e frustração.

> **Observação:** é decisivo que as primeiras ações deem certo; isso exige uma análise realista das possibilidades de vitória. *Na luta se ganha ou se perde.* Mas é a vitória que anima a vontade de continuar. A derrota logo no começo aumenta o sentimento de fraqueza e impotência. Uma ação puxa outra, quando é preparada e, depois de executada, é avaliada para se constatarem os avanços e recuos. Fazer ações e refletir sobre elas é a "escola" na qual militância e povo se qualificam.

5. Organizar a base: a organização é uma ferramenta para juntar pessoas, animar a luta, educar de forma permanente e preparar novo(a)s companheiro(a)s. Organizar é democratizar o poder. É distribuir as tarefas conforme a eficiência das pessoas, seguindo os critérios como a necessidade do movimento, a habilidade das pessoas e o seu gosto pessoal. A base deve estar organizada em núcleos que são os olhos e ouvidos da organização, sua massividade organizada. A organização não é o centro da luta. O centro da luta é o movimento real da classe oprimida contra a opressão e pela construção da nova sociedade.

6. Formação política: a formação é uma necessidade da luta pela vida. Só o entusiasmo e a força são insuficientes para vencer o poder da opressão. A classe oprimida precisa juntar sua força e o seu pensamento para vencer a dominação. Precisa saber desmontar o sistema capitalista, descobrir as raízes da exploração e inventar respostas para os problemas que a afligem. Sem formação, a luta mais feroz não vai além da luta espontânea contra os efeitos da exploração. Mas essa qualificação não pode ser derramada em pacotes, mas através de uma pedagogia na qual as pessoas sejam incorporadas como protagonistas. Cada movimento deve ter um programa de formação que responda aos diversos níveis de consciência de sua base, militância e direção.

7. "Sair" do território: em toda parte, tem gente, organizada ou não, que luta contra a injustiça. O trabalho de base se fortalece quando une a luta imediata de seu território com a luta geral, nos níveis regional, nacional e internacional. Nessa "saída", a militância adquire experiência e habilidade; alarga seu horizonte e seus conhecimentos; observa outras pessoas e práticas de outras localidades. É desafiada a elevar seu nível de consciência e o ardor de sua fé socialista.

8. Projeto político: uma tarefa do trabalho de base é preparar quadros que participem do movimento político que visa construir o projeto popular para o Brasil. A classe dominante reduz a política ao processo eleitoral. Mas política é mais do que votar; é conquistar o poder para decidir o rumo do país. O movimento político é formado por pessoas conscientes da luta popular que descobrem a raiz da exploração e organizam sua ação para transformar a sociedade capitalista. Essa gente entendeu que, sem mudar a sociedade, dividida entre explorados e exploradores, o povo vai continuar oprimido.

RETOMAR O TRABALHO DE BASE

Gente não é boi de carro,
Pro carro de boi puxar
Gente tem mente que gira,
Mente que pode girar
Gira a mente do carreiro
E a canga pode quebrar

1. Uma pessoa se torna *perigosa* quando começa a *andar com os próprios pés*. Em geral, quem está no poder prefere gente obediente e acomodada, porque é fácil manobrar uma população *domesticada*. A finalidade do trabalho de base é despertar a dignidade das pessoas e a confiança nos seus valores e potenciais. É também organizar a rebeldia popular contra a injustiça para construir a nova ordem social sem exploração, sem discriminações e sem preconceitos.

O grande só é grande
Porque nós estamos de joelhos

2. Toda pessoa luta para livrar-se da opressão – *ninguém se acostuma com a escravidão*. A luta começa lá onde acontece a exploração e a dominação. Às vezes, se diz que *o povo não quer nada*. Mas o povo não deixa de lutar; procura um jeito de sair do aperto, até quando corre atrás de ilusões, promessas, salvadores. Mesmo sem ter consciência, o povo guarda no peito uma indignação reprimida. Ninguém luta porque gosta; luta obrigado pela necessidade. A classe oprimida luta por terra, comida, moradia, escola, dignidade, diversão, direitos. Luta para continuar viva e ser reconhecida como gente.

Quando a fome dói,
Qualquer pessoa entra na briga

3. Quem domina tenta calar qualquer resistência. Para esvaziar a reação popular, bate, amedronta, ilude e, sem piedade, calunia, tortura e mata. Às vezes, os oprimidos resistem às *balas de chumbo*, mas são vencidos pelas *balas de açúcar*. A classe dominante reprime para deixar as pessoas de joelhos, obedientes e conformadas com a situação. A maioria dos livros e das escolas tenta apagar a memória libertária da classe oprimida, espalhando a ideia de que o povo brasileiro é *pacífico*. Mas basta abrir os olhos e ver a história de luta e resistência dos povos indígenas e negros, da classe camponesa e operária, das mulheres, das pastorais sociais...

Sentindo na vida que pode,
O pobre entende que vale;
Depois que a canga sacode,
Não há patrão que o cale

4. A elite dominante não tem medo de lideranças brilhantes ou *diretorias combativas*. A elite teme o povo consciente e *em movimento*. A missão da militância **é acolher o que o povo já sabe e ajudar** quem permanece escravo, no seu trabalho e na sua mentalidade, a dar o passo seguinte. Reparte os esclarecimentos *espalhando a notícia* de que é possível mudar a realidade, pois o *trabalho é a mola do mundo*. Divulga que a transformação da sociedade não vem *de cima, nem de fora;* vem da união de quem descobre a opressão e cria diferentes formas de luta para buscar a vida livre e feliz.

Se o boi soubesse a força que tem,
Ninguém dominava ele

5. Muitas organizações populares conquistam grandes vitórias e depois fraquejam. Porque não se atualizam, repetem o jeito antigo de lutar; ou porque, em vez de *organização de trabalhadore(a)s*, tornam-se um *grupelho de eleitos* que se acham *donos* e fazem a luta *para* o povo. Mas parece que a principal razão das derrotas é que certas *diretorias* **não acreditam** mais no povo. Como a elite, essas ditas *direções* concentram o poder em suas mãos ou fazem do cargo seu *meio de vida*. Esqueceram que militante participa, estimula e sugere iniciativas populares. Por isso,

está presente nas ações e luta junto para conseguir benefícios concretos e permanentes. Uma ação indispensável da militância é a multiplicação de gente nova, de idade e mentalidade, que entre no movimento tornando-se parte protagonista na luta de repartir o pão e o poder.

A libertação será obra da própria Classe oprimida ou não haverá libertação

6. Reunião, em si, não é luta. Luta são as ações organizadas da classe oprimida para continuar vivendo, sair do cativeiro e reafirmar sua dignidade. Luta é o trabalho que se faz nos assentamentos, nas fábricas, nos bairros, nos movimentos por direitos, nas igrejas comprometidas... Luta é o estudo que se faz para entender a razão da luta e conhecer a experiência de outros grupos. A reunião só é parte da luta quando avalia as ações, quando se prepara para lutas maiores e quando orienta a luta no rumo da libertação. Por isso, nos encontros populares, há momentos de formação, debate, confraternização, recordação e celebração dos valores que unem as pessoas que lutam.

Fazer é a única forma de mostrar Que é possível transformar o mundo

7. Só faz trabalho popular quem acredita que a classe oprimida é capaz de pensar a produção, a distribuição e o consumo dos bens de forma solidária. Esse projeto de sociedade se faz com mobilização e participação consciente da população. É isso que dá sustentação à proposta de transformação social. Para ter vitórias, o trabalho de base precisa crescer e virar um movimento – um *pé na roça e um pé na estrada.* É nesse trabalho, local e geral, que aparecem quem é militante (pelo grau de compromisso com a causa popular), quem é base (quem já aderiu ao movimento) e quem é massa (o conjunto da população a ser atingida). Ser direção é uma tarefa da luta, e nunca deveria ser privilégio de lideranças.

É preciso ter os pés no chão E a cabeça nas estrelas

8. O trabalho popular começa no *com*+tato com pessoas *insatisfeitas* que estão dispostas a entrar num processo de luta pelo fim do capita-

lismo e pela construção do socialismo. Ele cresce quando responde ao interesse das pessoas, quando *parte da porta que o povo oferece*. Fica forte quando realiza experiências simples e envolve as pessoas na solução dos problemas – nem *sobre*, nem *para*, mas *com* as pessoas participantes – inclusive na sustentação financeira das ações. Firma-se quando tem uma organização democrática – vez e voz para todas as pessoas – conforme a necessidade da luta, conforme sua capacidade e o seu gosto pessoal. O trabalho de base torna-se vitorioso quando as pessoas se *apropriam* do processo, multiplicam essa prática e quando se articulam com grupos que seguem no mesmo rumo.

Só quem está oprimido pode Libertar-se e, ao libertar-se, Liberta também seu opressor

9. O trabalho de base propõe uma revolução. E só a classe oprimida pode ter interesse na revolução, pois, no mundo capitalista, *não há lugar para ela*. A experiência da opressão ensina à classe oprimida iniciativas de solidariedade. Além disso, classe que trabalha carrega um potencial produtivo e humano que gera a riqueza material e espiritual da sociedade. Ao tomar consciência da injustiça, a classe oprimida pode se organizar e lutar por um mundo onde o ter, o saber e o poder sejam exercidos de forma compartilhada. No entanto, é preciso estar consciente de que o fim da exploração e a transformação da sociedade não nascem de um acordo com a classe dominante. A elite só entrega as riquezas e seu poder de dominação quando é derrotada.

Os ricos só se entregam quando perdem, E os pobres só ganham quando lutam

10. A sociedade solidária começa desde já – em casa, no trabalho, na comunidade, no movimento. É na vida concreta que a militância se exercita a não se rebaixar, nem tratar as pessoas como "coisa". É na luta diária que ela aprende a rejeitar a competição entre *superiores e inferiores* e a criar as condições de igualdade. Assim, o grande sinal da nova sociedade é o **companheirismo**. O companheirismo é a forma mais perfeita de relacionamento entre as pessoas – *mais forte que os laços de sangue*. É o gesto humano e político que se revela na atenção às pessoas que tra-

balham e estão desanimadas, no carinho à juventude e às crianças e no respeito ao(à) parceiro/a de vida e de caminhada.

Companheiro ou companheira é o irmão
Ou a irmã que a gente escolhe

11. O trabalho de base que reúne militantes, base e massa ***é um caminho longo e difícil***. Pois, junto com a disposição, a criatividade e a coragem, existe a *mentalidade de escravo,* que torna o povo acomodado, inseguro e dependente. Muitas pessoas oprimidas fazem de sua cabeça um hotel de patrão (*lambari com cabeça de tubarão).* No trabalho, na família e no movimento repetem as ideias e práticas da elite; pensam em concentrar a riqueza e o poder em suas mãos e tratam com autoritarismo e desprezo seus companheiro(a)s. Só com a participação nas lutas e a inspiração na história da luta popular é possível vencer a alienação e resgatar a confiança na *força de quem sofre a opressão.*

Eu acredito que o mundo será melhor,
Quando o menor que padece acreditar no menor

RESUMO: o trabalho de base não é uma *receita* ou *mágica*. É um jeito de fazer política no qual as pessoas põem sua alma. *A pessoa apaixonada descobre o jeito de agradar a pessoa amada.* O trabalho de base é uma paixão carregada de indignação contra a injustiça. Mas, sobretudo, de uma paixão cheia de ternura pelo povo e por quem se dispõe a construir um mundo sem dominação. É uma crença na vida, na dignidade das pessoas, na rebeldia pela liberdade, na função criadora do trabalho, na solidariedade universal. Essa convicção, que nasce do coração, torna-se uma energia contagiante capaz de vencer a fúria e a sedução da classe opressora. Tal força invade o coração, o pensamento e a ação da militância e se expressa em forma de compromissos, gestos, atitudes, beleza, garra, festa, cultura e companheirismo.

RESGATAR O ESPÍRITO DE MILITÂNCIA

Acreditar é viver, agora, a esperança; é tornar presente o sonho que ainda não é realidade; é firmar os olhos em uma certeza; é encarar o desafio da vida até à vitória, sempre.

Abertura

O que vence o medo não é a valentia; é a convicção. A convicção é *uma porta que só se abre por dentro.* É a *certeza* numa coisa que não se vê ainda. É apaixonar-se por uma causa e ser capaz de ***doar a vida*** *por ela. Enquanto a pessoa não abre seu coração, não entende a causa, nem abre suas mãos para realizá-la.* A justeza da luta contra toda forma de opressão é uma convicção que produz posturas, atitudes, comportamentos e valores. Quando essas convicções são saboreadas e partilhadas, alimentam a mística da militância, mesmo quando experimentadas no meio da tensão e da imperfeição.

O espírito militante

Um *tarefeiro* cumpre ordens, um *funcionário* trabalha pelo salário, um *mercenário* age para satisfazer seu interesse individual. Já a *militância* se move por uma *indignação* e por uma *entrega apaixonada* para que a classe oprimida se realize como gente e como povo. Como toda luta, também a luta popular *é uma questão passional*; ora, ao amante não se ensina o que deve fazer para agradar a pessoa amada. Com entusiasmo e ousadia, quem ama *faz do longe perto* e inventa caminhos para alcançar seu objetivo. É essa paixão que *une a ação, a razão e o sentimento* e invade o espaço pessoal, a convivência familiar, a vida de trabalho da militância, contínua busca de sua coerência entre o dito e o feito.

Indignação e rebeldia

Uma qualidade da *esquerda* é sua *capacidade de indignar-se contra qualquer injustiça, cometida contra qualquer pessoa, em qualquer parte do mundo.* Achar *natural* a submissão, a dependência ou se acostumar com a situação dos pobres é identificar-se com a *direita*, é ficar do lado da opressão. Porém, *rebeldia* não se confunde com *amargura* nem com *revolta,* que nada faz para mudar. Nem, tampouco, é uma vingança; porque *vingança iguala a vítima ao bandido.* A verdadeira rebeldia desperta a *autoestima* que não deixa a pessoa se *coisificar*, nem coisificar outras pessoas. É o embrião da consciência crítica necessária para *desmontar* a injustiça e contribuir na construção de uma sociedade sem dominação.

Sem medo de ser socialista

A militância não pode ter como centro da luta o inimigo ou a opressão. O que deve mover a militância é a *certeza* de estar *construindo uma pátria onde não se chore mais, a não ser de contentamento.* É o compromisso com a transformação da sociedade para que a produção, distribuição e o consumo das riquezas se façam de forma partilhada. No capitalismo, baseado na exploração e na competição entre os indivíduos, *não há lugar para os pobres* como protagonistas. Já no socialismo, que coloca o ser humano como centro, é possível uma relação entre humanos sem exploração e, com a natureza sem destruição. Por isso, os erros e limites das experiências socialistas não negam o sonho nem invalidam os esforços de tanta gente que entregou sua vida por um mundo de *novos homens e novas mulheres.*

Prosperidade

É legítimo o desejo de possuir os bens produzidos pela criatividade humana e frutos de seu trabalho. *Quem não trabalha não deve comer.* Só quem perde a dignidade perde também a vontade de crescer, de ter mais, ser mais, saber mais e *deixar sua marca* no mundo. No capitalismo, a busca da prosperidade vira consumismo, enquanto vontade incontrolável de acumular bens para a dominação. Todo bem material e espiritual tem função social, pertence a todos. Mas a prosperidade só pode existir com trabalho, domínio da técnica, crescimento da consciência e austeridade de vida (não ter carência, mas não ter mais que o necessário) com o básico para todos, pensando nos recursos do planeta e nas gerações futuras.

Espírito de superação

A militância, dentro de orientações construídas coletivamente, deve tomar iniciativas, criar caminhos, ir além de metas planejadas, manter a busca constante de soluções, sem seguir receitas, nem pedir licença ou esperar ordens. O espírito de superação é um ato da vontade em que, ao entender o que é necessário fazer, a pessoa se dispõe a fazer de maneira profissional, para realizar a missão do movimento popular. É preciso fazer bem, melhor, ótimo, perfeito... por acreditar que, se alguém merece alguma coisa perfeita, esse alguém é a classe trabalhadora.

Espírito de sacrifício

*Quem diz luta, diz sacrifício, e quem diz sacri*ficio, *diz também morte.* É fácil ver que, *se o grão de trigo não morrer,* não dá fruto. Além disso, acabar com a exploração não se faz sem conflito e sem rompimento, *embora seja necessário evitar os sacrifícios inúteis.* O sacrifício nasce do enfrentamento da opressão. Não pode ser martírio no qual as pessoas se preparam mais para sofrer e morrer do que para derrotar o inimigo.

As transformações na natureza, nas pessoas e na sociedade não nascem de um acordo. São o novo que se constrói dentro do velho, mas só aparece quando o velho é destruído. Ninguém luta porque gosta; toda conquista envolve risco. Nada é concedido à classe oprimida por dever de justiça. O *direito humano* nasce na rua, no confronto – é *a luta que faz a lei*. Por isso, os *subversivos* precisam *conhecer as manhas* e *preparar a hora* de encarar a fera. A mudança é uma luta de *conspiração* e, por isso, na vida individual ou coletiva, é inevitável a ruptura. As tensões, *como dores de parto, sempre* antecedem a vitória da vida sobre a morte. O espírito de sacrifício não impõe precondições de conforto, facilidade ou *mordomias* individuais.

O amor pelo povo

A militância, *mesmo sob o risco de parecer ridícula,* sabe que *o verdadeiro revolucionário é guiado por grandes sentimentos de amor.* A classe trabalhadora carrega muitas contradições e reproduz boa parte da mentalidade dominante. Porém, mais que vítima, ela é *um potencial* inesgotável de formas de luta e *sementeira permanente* de novos militantes, pois *só a classe oprimida pode ter interesse na libertação e, ao se libertar, liberta também seus opressores.*

Para a militância, o povo é o sentido e a razão de sua existência, mesmo que aparentemente ele não tenha razão. Por isso, prefere *o risco de ficar sempre com os pobres do que achar que vai acertar sem eles.* Como *todo artista,* a militância *se mete* lá onde o povo vive, luta, sofre, se alegra e celebra suas crenças. *Afastar-se do povo é uma forma de ficar contra o povo.* Como não tem sentido o *fermento fora da massa,* não pode existir militante sem ligação com uma base. Militante que se afasta do povo passa a *pensar por onde os pés pisam,* entra num processo de corrupção – moral, política e ideológica.

O exercício do poder

Na sociedade dividida em classes, os *líderes pisam sobre o povo*, usam o poder para submeter e explorar a classe trabalhadora. Certas *lideran-*

ças, reproduzindo a prática da elite, também concentram o poder, usam métodos dos grandes e *contrariam os pequenos para não ficarem de mal com os ricos e com as autoridades*. Elas fizeram do seu *cargo seu meio de vida*. Ficar à frente nunca poderia criar na militância a postura de *chefe*. Mas, os abusos no uso do poder nunca deveriam ser razão para se ter medo de querer o poder. O *pode*r é um instrumento indispensável para organizar a luta, conquistar benefícios e multiplicar militantes. O desafio permanente é *co*ordenar sem autoritarismo, *con*duzir sem manipulação, *com*andar repartindo o poder *e cumprir os acertos coletivos,* acima das vaidades e dos caprichos individuais.

Combater a alienação

Quem não entende a raiz da injustiça se torna alienado. O processo de tomada de consciência quebra toda forma de alienação e permite a descoberta do real. A superação da alienação é básica na estratégia para construir o novo, o futuro, a vida. A participação em processos de luta, a reflexão, o estudo, as leituras... são caminhos para alimentar a fidelidade à causa popular na busca das transformações. Pensar é um exercício que subverte a existência da militância para que ela jamais se acostume com a injustiça ou desanime na luta pela emancipação da humanidade. Estudar funciona como um mecanismo que avalia e desafia a *militância de escritório* e ajuda na superação da mesmice, da repetição, da manipulação, dos desvios e dos vícios.

A solidariedade universal

Ninguém é uma ilha: toda pessoa se realiza quando se relaciona com as outras. A doutrina capitalista *de cada um conforme sua ganância* gera dominação e exclusão. Contra a *lei do mais forte,* a militância socialista pratica a *solidariedade,* reconhece o valor da *soma das riquezas individuais* e reage contra a divisão entre *superiores e inferiores.* Por isso, luta contra a dominação de classe, a discriminação de gênero, o preconceito étnico e geracional e as formas de intolerância cultural e religiosa.

A solidariedade se manifesta na compaixão como capacidade de colocar-se no lugar da outra pessoa, na afetividade, na parceria e no amor incondicional para que a classe oprimida se realize. Mas ela se expressa melhor *na entrega gratuita* do que se tem de melhor, inclusive a própria vida, para que pessoas e povos realizem o eterno sonho da fraternidade universal.

> Se sentires a dor dos outros como a tua dor, se a injustiça no corpo do oprimido for a injustiça que fere a tua própria pele, se a lágrima que cair do rosto desesperado for a lágrima que você também derrama, se o sonho dos deserdados desta sociedade cruel e sem piedade for o teu sonho de uma terra prometida, então serás um revolucionário, terás vivido a solidariedade essencial (Leonardo Boff).

O espírito multiplicador

Um índio dizia que "um guerreiro a gente planta para que ***dê novas sementes***." Quem tomba na batalha "a gente não deveria chorar, mas festejar." Afinal, o exemplo de alguém que se doa totalmente *é semente de uma multidão de militantes.* **É preciso ter orgulho de pessoas que oferecem sua vida para** que o povo viva com dignidade. Mas, com o mesmo ardor, é *necessário recordar a memória* de tanta gente anônima que sustenta o cotidiano da luta e garante o enraizamento do trabalho.

Cada militante, no seu território, deve comprometer-se em mobilizar um time de trabalhadores. Estes, por sua vez, devem repartir os esclarecimentos com outras pessoas, em seus espaços de luta, de vida e de trabalho. Sua missão é despertar a autoestima silenciada, estimular o protagonismo e convocar para a tarefa de ser capaz e ser feliz, coletivamente. Assim, tece uma rede de resistência, pois a importância da árvore se mede pelo número de folhas que renova, e a importância da pessoa, pelo número de gente que reúne. Porém, é preciso ter claro que, se a luta não vai sem os filhos, a família e a comunidade, não vai só com os filhos, a família e a comunidade!

O companheirismo

Companheirismo é a forma superior de relacionamento, *mais forte que os laços de sangue*. É o gesto humano, fraterno e político de quem crê na capacidade das pessoas e da classe oprimida. Companheirismo significa *compartilhar o pão e o poder*, em todos os espaços da vida, com quem se dispõe à mesma caminhada. É não ter vergonha de falar de seus sonhos e de seus limites por ter a certeza de ser acolhido, escutado, entendido, mesmo quando erra ou quando cobra.

As *relações humanas* e a *caridade tradicional* negam o companheirismo porque são mecanismos para manter a dependência entre quem manda e quem obedece, entre quem doa e o *coitad*o que recebe, para aumentar nos pobres o sentimento de inferioridade. O companheirismo se revela especialmente na atenção a quem trabalha, mesmo que ainda não entenda a razão de lutar; mas também no tempo dedicado à juventude e às *crianças*, no carinho às pessoas *excluídas*, na oferta de ombro solidário a quem está desanimando e no respeito ao *parceiro(a)* de *vida* e de *caminhada para que se levantem e andem*.

Na rotina da vida, na insegurança frente aos desafios e na hora do sentimento de impotência, *a corda arrebenta no seu lado mais fraco* – a relação com colegas de vida e equipe. Exercitar a *fé na vida, a fé na gente e a fé no que virá* pode superar a tentação do desânimo, da esperteza, do ciúme, do fuxico, da intriga, do personalismo e afirmar com a vida que *nós podemos tudo, nós podemos mais, vamos lá fazer o que será*!

A pedagogia do exemplo

Não basta que seja pura e justa a nossa causa; é necessário que a pureza e a justiça existam dentro de nós. É comum escutar que, na prática, a teoria é outra, porque as palavras explicam, mas são os exemplos que mobilizam. É na prática que a militância revela suas convicções. É no dia a dia que o discurso se torna *força material* capaz de alimentar a luta pela vida. É na vida pessoal, no estudo, nas atitudes de dedicação, no entusiasmo, na ousadia, no respeito ao povo, na fidelidade aos acertos coletivos, no trabalho produtivo, na participação em um posto concreto da luta, na simplicidade de vida, no uso correto dos recursos coletivos que se concretizam as convicções.

A pedagogia do exemplo se revela no espírito de humildade, contrário a toda arrogância, autossuficiência, submissão ou ingenuidade. Humildade é a simplicidade de alguém que afirma sua dignidade reconhecendo seus valores e limites. Por isso, respeita e acolhe outras singularidades que contribuem com verdades, valores e conhecimentos.

A mística popular

A mística da causa popular é o segredo plantado na alma das pessoas, é a força interior que impulsiona a militância, nos momentos de dor, de dúvida e de derrotas. Sabemos que *militante triste é um triste militante*. Sua mística está presente na alegria de viver, na disposição para a luta, na esperança sem ilusões, no canto, nos símbolos, na beleza do ambiente, nas celebrações. Essa *energia vital* se expressa em gestos e atitudes, individuais e coletivas, que revelam, desde já, o sabor da convivência sonhada para todo o povo.

A celebração da mística, às vezes, aparece como *indignação* e conflito; outras vezes, tem a cara do *prazer* e da festa. Mas deve ser sempre uma experiência marcante, que traduza uma convicção profunda, para reforçar a luta e atrair novos combatentes. Esse ânimo interior, *alimento* da *esperança*, em qualquer conjuntura, torna as pessoas combativas e carinhosas, abertas e perseverantes, mas, sobretudo, companheiras. "Você pode até dizer que eu sou um sonhador. Mas não sou o único. Espero que um dia você se junte a nós. Aí, o mundo será como se fosse um" (J. Lenon).

MÍSTICA, MISTICISMO, MISTIFICAÇÃO[1]

Mística não é **mistificação,** que significa falsear, enfeitar ou deformar uma realidade, com a intenção de iludir a boa-fé das pessoas. Mistificação gera o fanatismo ou o fundamentalismo, religioso ou político. **Misticismo** é uma visão religiosa, ou a explicação religiosa que fala da relação ou da *contemplação direta e íntima com a divindade.*

Que é mística

Esotéricos e góticos, santos e militantes, movimentos sociais e comunidades religiosas se apropriam da palavra "mística". Uns *fazem* mística, outros dizem que *têm* mística, outros, ainda, *são* místicos. Vale ouvir algumas falas sobre mística:

1. Mística deriva de mistério. Conhecer mais e mais, entrar em comunhão cada vez mais profunda com a realidade que nos envolve, ir para além de qualquer horizonte. É fazer a experiência do mistério. Todas as coisas têm seu outro lado. Captar o outro lado das coisas é dar-se conta de que o visível é parte do invisível: eis a obra da mística.

---

[*] Este roteiro incorpora reflexões de muita gente que se dedicou ao tema.

2. Mística é a capacidade de se comover diante do mistério presente em todas as coisas. Não é pensar as coisas, mas sentir as coisas tão profundamente que percebemos o mistério fascinante que as habita. O que importa é sentir sua atuação e celebrar a presença desta realidade essencial. Viver esta dimensão no cotidiano é cultivar a mística.

3. A mística é a alma de um povo. A mística é a alma do sujeito coletivo, a identidade que se revela como uma paixão, que nos ajuda a "sacudir a poeira e dar a volta por cima". "Suportarei tudo, porque há em mim uma alegria que nada nem ninguém conseguirá jamais matar!"

4. É nessa alegria que está a força dos militantes da causa social, é no sentimento da certeza de que se luta por algo justo; é na energia interior que lhes impulsiona todo vigor e coragem, que faz as pessoas suportarem *tudo*, mesmo a perda de companheiros; é aí que materializa a *mística.*

5. A *mística* é o momento de *reafirmar* o compromisso com os ideais de uma concepção, de difundi-la socialmente, fortalecê-la politicamente, de consolidá-la e legitimá-la ideologicamente, e uma forma de concretizá-la, aqui e agora.

6. A mística *irriga, pela paixão, a razão e nos ajuda a ser mais humanos, dispostos, e a desafiar coletivamente nossos limites; nos impulsiona a ir além do esperado, alimenta os valores e nos faz sentir parte de uma grande família.*

7. Desenvolver a *mística* não pode se confundir com o *culto* ao passado, relembrar os momentos trágicos da história e criar o sentimento da dor e da morte, *sempre presentes para* estimular a *cultura de resistência* entre sujeitos de *semblantes pesados*, sorrisos tristes e *punhos cerrados.*

8. É a vida que causa paixão, é pela vida que os seres humanos se movem, é ela que deve ser celebrada. Que se celebrem os lutadores em vida, que se declare o reconhecimento a cada pessoa pelo esforço de sua luta. Celebrar a vida e a alegria não é esquecer os compromissos da luta por transformações, é lembrar que o ser humano tem o direito de sorrir e ser feliz.

9. Observa-se, hoje, uma conjuntura que vai de um extremo ao outro, da mística ao misticismo. Diante da mercantilização total da vida cotidiana, a mística corre o perigo de se tornar mercadoria, chavão, moda. Mística pode significar recitação de poesias, serenata, cantoria,

reza; pode ser um olhar contemplativo à beira de um rio, um ritual festivo na aldeia e o êxtase de um monge tibetano.

10. A mística não é propriedade de nenhuma instituição. A palavra "mística" tem a mesma raiz que a palavra "mistério". O mistério não se explica, vive-se, na contemplação e na ação cotidianas. A mística é como a utopia. Ambas não se deixam aprisionar em conceitos ou definições.

11. Não podemos ter místicas como se tem uma propriedade ou um objeto. Somos místicos. A mística não pode ser funcionalizada, de modo que tudo seja avaliado por sua funcionalidade ou pela utilidade que tem. Rezar e fazer poemas não tem utilidade, não tem preço, não pode ser vendido. A mística está no meio de nós como dom, não como posse. Mas o que não tem preço pode ter muita dignidade.

12. Temos mística ou somos místicos? Talvez, tenhamos e façamos mística e ainda não sejamos suficientemente místicos. Ninguém é místico 24 horas por dia. A mística se revela no serviço desinteressado à causa dos oprimidos e nos faz simples, despojados, leves. Na mística, se vive o fim da dicotomia entre o campo espiritual e o material; não é *luta e contemplação*, mas *luta na contemplação* ou *contemplação na luta*. A redução da utopia para um suposto realismo no "aqui e agora" cria miopia, faz perder a esperança, compromete a fé e enfraquece a solidariedade.

13. A mística tem dois braços. É mística da terra, da realidade material, da luta e das marchas e mística do transcendente, que se faz carne a cada dia; luta simbólica presente na transfiguração das estrelas, do céu, da poesia, das canções, dos bonés e das palavras de ordem.

14. "Mística é o conjunto de convicções profundas, as visões grandiosas e as paixões fortes que mobilizam as pessoas e os movimentos na vontade de mudança, ou que inspiram práticas capazes de afrontar quaisquer dificuldades ou sustentar a esperança face aos fracassos históricos."

Formas de concretizar a mística

A mística tem um conteúdo que se expressa:

Na postura pessoal: a mística é, sobretudo, a vivência de valores de forma coerente com nossas convicções. Por isso, é na vida e nas atitudes pessoais que a mística mais se manifesta: a) no amor pelo povo; b) na solidariedade; c) no espírito de humildade; d) no espírito de superação, iniciativa e ousadia. e) no espírito de sacrifício; f) no companheirismo; g) na pedagogia do exemplo;

No ambiente: simbologia, luz, cores, beleza, festa...

Na celebração coletiva: não existem receitas. Cada movimento tem formas de expressar seus valores, princípios e sua vida. Mas a experiência recomenda que se leve em conta alguns critérios na manifestação pública da mística:

- deve ser uma atividade em que as pessoas participam com o corpo, a mente e o sentimento;
- não é *show* para ser assistido; deve envolver as pessoas (o uso da poesia ou da canção exige texto, participantes e alguém que saiba tocar);
- não tem essa de preparar surpresas, de causar impacto, de provocar sensação;
- a celebração da mística deve ser bonita, criativa, breve, com certa solenidade, simples e benfeita, mas sempre ligada ao tema do momento;
- é bom usar símbolos, gestos e incorporar expressões culturais, testemunhos pessoais... Mas deve-se evitar que vire uma mera apresentação teatral;
- a mística pode ser expressa no começo – concentra a atenção e recorda o espírito que une o grupo, mas pode e deve ser feita a qualquer momento: um canto, um grito de guerra, uma declamação, um silêncio...
- a preparação é necessária para evitar a improvisação, mas não pode virar um tormento para as pessoas que coordenam a celebração;
- não é "reza", mas é momento sério, sem brincadeiras.

Atitudes a serem evitadas

Algumas atitudes devem ser evitadas:

- achar que mística é apenas motivação, abertura, enfeite, emoção: "*bem, feita a mística... vamos agora ao que interessa*";
- virar tarefa de especialistas, embora existam pessoas com mais sensibilidade/criatividade que outras; quem se acha dirigente também "faz" mística;
- confundir a parte com o essencial: "*não participei do encontro porque estava preparando a mística*";
- competir: "*a mística de fulano foi melhor que a de sicrana*";
- repetir no Nordeste um jeito que deu certo no Sul – fica fora do contexto e, por isso, cansativo, formal e burocrático;
- evitar a improvisação, mas nunca pode-se tornar um fardo ou um tormento para quem está encarregado de coordenar sua realização.

Recordando

O importante na *expressão pública* da mística é a reafirmação dos objetivos e o fortalecimento da militância. Não existe receita, mas tem que ser **participada, simples, breve, atraente, benfeita, conforme o assunto, a hora e o grupo**.

Às vezes, a mística tem o tom de alegria, outras, de *protesto* e de dor; às vezes, o tom da *política;* outras, a linguagem cultural e a tradição religiosa. Mas nunca pode virar um *show* para ser assistido; as pessoas devem sentir-se bem e *participantes.*

É bom usar símbolos, gestos, incorporação de expressões culturais, testemunhos pessoais... mas deve-se sempre evitar que vire uma simples apresentação teatral.

Deve ser uma atividade na qual as pessoas participem com corpo, mente e sentimento. Não pode ser *show* para ser assistido: as pessoas devem ser envolvidas no ato. É falso preparar surpresas, causar impacto, sensação.

A mística pode ser expressa no começo – concentra a atenção, recorda o espírito que une o grupo; mas pode se fazer em qualquer momento adequado – um canto, um grito de guerra, uma declamação, um silêncio...

ESTRATÉGIA DA ORGANIZAÇÃO POPULAR

De forma simples, pode-se dizer que uma estratégia é um plano, um fio condutor que canaliza, dá sentido e coordena as diversas batalhas que fazem uma guerra em prol de uma causa. Por isso, toda estratégia tem um **objetivo específico e um objetivo geral** que lhe dão sentido.

Para realizar sua estratégia, cada movimento precisa garantir uma forte organicidade, enquanto a capacidade de fazer com que as diretrizes e orientações percorram todo o corpo da organização. Na experiência popular, este fluxo só foi possível quando uma organização foi capaz de garantir uma estrutura de quadros integrada a uma estrutura de massa, ou seja, possibilitar uma estrutura vertical combinada com uma estrutura horizontal, sem "correia de transmissão", dentro de um só movimento.

A estratégia da organização popular compõe-se de duas partes: a) definição dos objetivos do movimento; b) definição das tarefas prioritárias da estratégia.

Objetivos do movimento popular

- Definição e construção de um movimento de caráter nacional de massa, com realidades e rostos regionais, que responda às necessidades concretas e específicas de determinada base social;

- Definição do processo de escolha e qualificação do número de militantes para dirigir o movimento e relacionar a luta econômica com a luta política, tendo como horizonte uma nova ordem social.

Tarefas prioritárias da estratégia

1. Estabelecimento do núcleo que assuma para si a missão de elaboração da estratégia;
2. Elaboração da mensagem política do movimento, específica e estratégica, atenta à **própria base social e organizada, ao governo de plantão, às empresas e à opinião pública;**
3. **Formulação do plano de lutas** que **aponte o caráter anticapitalista e socialista do enfrentamento,** a partir das necessidades sentidas e com envolvimento integral das pessoas;
4. Elaboração do plano de construção nacional que assegure a coesão orgânica e a política do movimento com garantia:

- Da presença do movimento em **regiões prioritárias selecionadas** pela quantidade de gente da base social, pela forte atuação do capital, por seu histórico de luta, pela densidade populacional, pela presença de outros movimentos populares, pela geografia;
- Construção de um modelo orgânico que mobilize e organize a força própria em grupos de base e estruture a militância para atuar na luta de resistência, no espaço institucional ou em ofensivas de rompimento;
- Elaboração de um ousado plano de formação política, técnica e cultural, com visão latino-americana para qualificar a base, a militância, as direções e os formadores;
- Formulação do plano de autossustentação (política, financeira, estrutural) que garanta a vida, as atividades e a reprodução do movimento, com a participação direta da base e sem depender de projetos que criem dependência;
- Preparação ideológica e técnica, em formas de agir e comportar-se, para a defesa da militância e da massa, evitando sua dispersão, captura ou desmoralização;

- Construção de uma política de alianças, parcerias e apoios consistentes, sem utilitarismos, com organizações populares, entidades e pessoas do campo e da cidade, no nível nacional e internacional;
- Estabelecimento de um sistema ágil e eficaz de comunicação, com **produção de análise própria e regular, que oriente a ação da militância em todos os níveis.**

PARA BALANÇO DE UM MOVIMENTO

Um movimento torna-se referência na história da classe trabalhadora porque assumiu a luta popular e se fez:

1. **Movimento popular:** aproximou-se da força de trabalho (oferecendo um *peixe*), transformando-a em trabalhadores/as (ensinando-a a *pescar*) e convocando-os/as a assumirem-se como classe (para retomar o *pesqueiro* que lhe foi roubado). Por isso, as elites perceberam que, mesmo não sendo um partido político, o movimento tinha o horizonte do poder.

2. **Um movimento com referência porque:**
   - constitui-se como movimento nacional (contra a fragmentação corporativa e regionalista);
   - abraçou e carregou a utopia do sonho por uma nova ordem social alternativa ao capitalismo;
   - conseguiu resultados que melhoraram as condições de vida de sua base social real, que o sustentava;
   - adotou uma forma de luta criativa, uma organização que incorporou a massa do setor como parte, e adotou um estilo de direção coletiva reconhecida pela sua coragem, compromisso e entrega;

- desenvolveu um ousado programa de formação de sua militância;
- tornou-se exemplo e símbolo por sua força moral – a melhor formação é a pedagogia do exemplo.

Neste momento, o movimento é desafiado a atuar em um contexto mundial de crise e dominado pela política e ideologia do "extremo-centro", em que predomina:

1. A domesticação da rebeldia – "tá tudo dominado...": a esquerda, há cinco anos do Centenário da grande Revolução Bolchevique, aparece como um grande vácuo. O grito do poeta "já não há quem nos detenha, nós somos a tempestade", soa como mera profissão de fé em princípios. Não existe alternativa ou referência de rompimento com a legalidade burguesa... Os ventos neoliberais por meio da **violência,** do **terror** (capitalismo "gângster"), do **consenso** (cabeças privatizadas) e o **abandono dos grandes ideais** por uma nova ordem social levaram muitos movimentos combativos a aderir à institucionalidade, ao ecletismo e à aceitação do discurso e das regras do jogo do sistema... (As "ocupações", a "primavera árabe" revelam certos sinais, mas ainda não se pode falar em retomada);

2. O *lulismo,* que realiza e expressa o **choque de capitalismo** (desenvolvimentismo), "o torneiro, metido a socialista, prova que é possível o capitalismo, no Brasil" – *incorpora a grande massa como força de trabalho, mas não como classe trabalhadora*;

- o Estado resgata a iniciativa de intervir na economia, financia o desenvolvimento e, no campo, substitui o latifúndio pela *empresa capitalista*;
- tem sucesso na cooptação, colaboração de classe; até **a direita** foi tragada pela **cooptação**; para manter-se na mídia, requenta o denuncismo da corrupção, ética na política... **não há oposição.**

3. Diante disso, tentadoras, surgem duas sereias:

- o **pragmatismo**, o economicismo, movimento de "resultados", em que a militância troca a *consciência e a organização por um pra-*

to de lentilhas, coeficiente eleitoral, migalhas da "cesta básica", políticas compensatórias... Porque aplaude, não sai às ruas e se cala;

- a radicalidade verbal (**esquerdismo**), que insiste em ver o governo como o inimigo principal; esse pseudodiscurso ideológico que diz *jogar outro jogo* atrai a juventude, mas não tem qualquer incidência na luta de classe, e, de quebra, se torna braço auxiliar da direita.

Ao se perder de vista quem são os principais inimigos do povo, ou temê-los porque são muito fortes, optamos então por bater no "vizinho", no companheiro ou companheira de vida, trabalho e movimento.

Enquanto isso, ***o povo tá feliz*** – experimentou e gostou do queijo... e quer mais... Mesmo com todas as contradições, manifesta um ânimo de luta, um sentimento de avanço e progresso. Em vez de lastimar o *novo populismo,* as políticas de suavização do conflito, o povo prefere o copo meio cheio do que a situação anterior. Ele se move pelo palpável e vê que agora tem mais emprego (pleno emprego?), casa, comida... se dá, inclusive, ao luxo de não aceitar emprego temporário; e, ao mesmo tempo, consome mais celular, carro, moto, roupa, perfumes... até faz greves nacionais e fala em desenvolvimento!

4. O movimento percebeu que esse conjunto pode gerar uma crise política e orgânica e, por isso, tomou a decisão política de realizar um profundo e geral processo de avaliação.

Entre as razões para realizar, em todo o movimento, esse processo de avaliação, destacam-se:

- o movimento, há algum tempo, percebe a dificuldade de colocar sua agenda, de obter conquistas, sentindo-se, às vezes, em uma encruzilhada, "patinando". Sem conquistas reais, todo mundo patina...
- percebe que, na impotência contra seu inimigo, a corda tende a quebrar na ponta mais fraca, que são as relações internas – "O nervosismo é sinal de quem está ficando velho";
- outras vezes, parece que os conteúdos "terra", "luta", "amor pelo povo" viraram **categoria teórica**, abstrata e academicista; bandeiras que já não se tornam aspirações...

- há sinais de militantes que perderam a cotidianidade, a pulsação, estão desconectados da **luta de classe** real, da **base social** e já não veem o que a massa está vendo;
- ronda a ameaça de a **referência de ser militante** não ser mais a disposição e a entrega, mas o diploma, o cargo, a manobra; daí é um passo para a constituição de uma militância comportada, inoperante e burocratizada;
- há vozes dizendo que "a massa se afastou de nós", repetindo saudosista "naquele tempo", falando do **passado para legitimar sua existência...** parece que se conformam em ter "um grande passado pela frente";
- diante disso, o movimento retoma a avaliação autocrítica como a única forma de sempre avançar. "Ou se recria ou caduca". Sabe que é preciso "mudar muitas vezes para continuar o mesmo". Não é lavar roupa suja ou excluir quem pensa e age diferente. É um processo de **comparar a coerência entre o dito e o feito** e reafirmar, corrigir, extirpar ora o dito, ora o feito;
- mais do que nunca é hora de aprender a admirar a "mirar por dentro" do movimento.

5. E agora, José? "Que fazer"?

De várias formas e em diferentes momentos foi sugerido que é preciso:

- **assumir o reconhecimento e a referência** – o Movimento é buscado no Brasil e na América Latina. Sabe que essa responsabilidade implica evitar toda forma de **arrogância** e soberba e, ao mesmo tempo, não cair na **covardia** (vestida de humildade) para disfarçar o medo de assumir, com ousadia, a missão histórica de carregar, na luta de classe real, os valores e sonhos da classe oprimida;
- **resgatar a utopia** da causa anticapitalista e socialista enquanto projeto de um sistema universal que foi reduzido a experiências particulares e que faliram. Reafirmar o socialismo enquanto necessidade da humanidade e do planeta, evitando o dogmatismo, o sectarismo e o ecletismo (falsas teorias);

- **meter o pé no barro, *voltar ao campo*,** auscultar e identificar-se com sua base social (nem nós nem a massa já não somos os mesmos). As exigências de representação, administração, atendimentos a demandas, viagens, tarefas etc. não podem justificar o distanciamento da massa, que é o motor do movimento. Historicamente, quando a cabeça se torna maior que a sustentação de base é o começo do fim. São muitos os casos em que a presença demorada nas estruturas tem levado dirigentes à corrupção política, financeira e moral. O **lugar prioritário** da militância é na ponta, lá onde acontece a vida e a opressão. Os melhores quadros devem estar lá onde acontece a luta pela vida, devem acompanhar as tarefas consideradas mais simples. Sem sentir essa pulsação, não será possível formular propostas justas e mobilizadoras. *Voltar ao campo* para construir a **força própria,** garantir a **massividade** organizada e mobilizada;
- **auscultar o povo** – o bom médico, ao examinar uma pessoa, ausculta vários sinais vitais. Temos dois olhos para ver e enxergar, dois ouvidos para ouvir e escutar, duas narinas para sentir e perceber e uma boca para, às vezes, indagar e repartir os esclarecimentos com o povo;
- **reafirmar a matriz orgânica** da organização popular – o núcleo político de militantes que, a partir da luta e de um instrumental de análise, anima e coordena o movimento; fazer o **trabalho de base** (resolver os problemas **com a base** e formar **novos militantes**). O trabalho de base organiza os grupos de base, que são pré-condição para o **trabalho de massa**. O fermento só se justifica na multidão. A multidão eleva seu nível de consciência com a presença do fermento. É no trabalho de base, permanente e paciente, que se cruzam direções, militantes e massa;
- **qualificar política, técnica e culturalmente** a militância, para que, além da vontade e coragem, possa atuar em qualquer conjuntura. Isto significa ter a capacidade política de fazer a leitura da realidade, de sustentar o debate ideológico, ter sólido conhecimento teórico/prático e decantar o conhecimento enquanto força material de transformação desde o cotidiano;

- **dialogar com a classe operária e a sociedade urbana** – significa sair da luta de categoria para a luta da classe oprimida. Junto com as ações mútuas de solidariedade, a luta camponesa deve ser assumida como luta da classe trabalhadora e da sociedade brasileira.

6. Visibilizar a estratégia/caminho do movimento.

Sem estratégia clara, a organização faz atividades, campanhas que não acumulam, cansam, desgastam e acabam em si mesmas. A estratégia/caminho é o fio condutor, a intencionalidade que propõe um caminho para alcançar um objetivo. A estratégia do Movimento não pode perder de vista o horizonte da nova ordem social alternativa ao capitalismo, nem sua concretização histórica, que é o projeto popular para o país.

A estratégia precisa explicitar:

- *Os objetivos específicos do movimento:* a) responder às demandas concretas da base – direitos econômicos e sociais; b) formular e propor um projeto popular de agricultura que articule e mobilize sua base social, os aliados, e os intelectuais. *Objetivo geral:* preparar militantes para dirigir o Movimento e participar na construção da organização estratégica para o projeto de transformação estrutural do país.
- *A mensagem política:* traduzir de forma breve, compreensível e mobilizadora o objetivo do movimento para sua base, seus aliados, sociedade e governo. Essa mensagem, hoje, poderia centrar-se na terceira palavra do lema (ocupar - resistir - produzir). *Produzir alimentos sadios e baratos para o povo brasileiro.* A verdadeira mensagem política deve ser profunda e simples, de modo que até as crianças possam entendê-la.

As tarefas da estratégia:

- *direção* política (seria) um coletivo de militantes que assume para si a tarefa de animar e coordenar o processo;
- plano de *implantação* que proponha as regiões prioritárias (escolhidas por critérios), o modelo organizativo, os aliados prioritá-

rios (trabalhadores da indústria alimentícia e agrocombustíveis) e especialmente, um plano de *sustentação financeira* (formas de arrecadação tendo como orientação a contribuição direta, a liberdade política e a autonomia orgânica – "quem paga a banda, escolhe a música");

- *plano de lutas* por direitos econômicos e sociais básicos, traduzidos em bandeiras mobilizadoras; lutas que visem a construção do modelo popular de agricultura.

TRABALHO DE BASE E ABRANGÊNCIA DO MÉTODO

Ademar Bogo
setembro de 2000

MÉTODO: definição

O método é a capacidade de se colocar no lugar exato os elementos e requisitos para se construir o caminho que nos leva a um determinado fim. Podemos compreender este fim como um objetivo imediato ou de longo prazo. Ou, se quisermos, podemos chamá-los de objetivo tático e de objetivo estratégico.

O método somente pode existir em função de um objetivo. Na medida em que se tem o objetivo, necessariamente deve-se buscar um método para implementá-lo. Por isso, **quanto mais claro for o objetivo, maior facilidade se tem em elaborar o método.**

Não existem métodos bons e métodos ruins. O método não é um dogma que nunca muda. Os elementos sempre são modificados, e alguns são adaptados de acordo com cada objetivo. Ou seja, os elementos são estruturados sobre as contradições concretas. Há **fatores que compõem a estrutura do método** que são referências, como: análise, tomada de decisão, definição dos meios a serem utilizados, divisão de tarefas e avaliação. Estes fatores que compõem a estrutura do método variam menos que os **requisitos orgânicos** necessários para implementá-lo.

Quando se tem uma organização em funcionamento, os grandes objetivos estão definidos pelas linhas políticas elaboradas nos encontros e reuniões, de modo que nunca se parte do nada. As **ações** passam a ser os **objetivos táticos** a serem alcançados. Por isso, os elementos devem ser buscados em cada situação concreta, com maior ou menor quantidade, dependendo do caráter da ação que se está planejando.

Poderíamos dizer, então, que **o método se constitui de duas diretrizes e de dois eixos** que sustentam a sua aplicação.

As diretrizes

- **Política ideológica:** significa sua definição de classe e clareza do rumo que devemos seguir. Isso porque o método tem o objetivo de nos levar a um determinado lugar ou a um lugar ideologicamente antecipado em nosso planejamento. A ideologia permite acertar na análise e orienta o rumo que devemos seguir para chegar àquele objetivo estabelecido.
- **Técnica organizativa:** nenhum método pode ser abstrato. Deve ser profundamente concreto em suas funções técnicas e na prática organizativa. Os métodos se desenvolvem e comprovam sua eficiência na medida em que forem aplicados sobre uma determinada realidade, para transformá-la de acordo com a visão antecipada que se tem do objetivo a ser alcançado.

Eixos

Podemos compreendê-los como sendo os sustentadores do peso que "transportam" os elementos que formam o método. São eles:

- **Elementos estruturantes:** são as partes constitutivas do método que, alinhadas, compõem a estrutura do método: estudo do problema, domínio da realidade pró e contra o objetivo, decisões políticas sobre o que fazer, definição de objetivos, estabelecimento de metas, análise das consequências, checagem permanente do andamento, plano e contraplano, avaliações etc.
- **Requisitos orgânicos:** é o lado da execução concreta do método. É o que se coloca como fundamental para ser preparado antes de iniciar o primeiro passo. Imagine quais devem ser os requisitos orgânicos para um avião decolar. Os elementos estruturantes são

aqueles que permitem ao avião ir até a pista e o plano de voo. Os requisitos orgânicos são aqueles que garantirão o bom desempenho do avião em seu percurso.

Na checagem feita pelos pilotos no momento que antecede o início do voo, ao perceberem que algo fundamental não foi providenciado, não decolam. É verdade que, na luta de classes, as coisas são um pouco mais complicadas e dinâmicas do que o voo de um avião, e muitas coisas podem ser arranjadas no caminho; mas os riscos de sofrer uma derrota, pelo fato de a ação não estar bem preparada, são muito grandes.

O método no movimento das contradições

Todas as coisas se movem. Quando se movem, há dois movimentos: um externo e outro interno. Exemplo: quando uma pedra rola, percebe-se seu movimento externo. Quando ela vai se deteriorando, percebe-se o movimento interno. Na luta política também é assim. Vamos ver alguns aspectos, elencados a seguir:

A dialética como movimento

A dialética é o conjunto de contradições que formam o movimento interno que existe em todas as coisas. Nada é estático; tudo se relaciona. Podemos tomar como referência uma ação que vise alcançar determinado objetivo, como o de **sensibilizar a sociedade para a reforma agrária,** apontado pela linha política elaborada.

Os **elementos estruturantes** centrais para esta ação podem ser: a análise da realidade agrária e das forças aliadas e inimigas; a análise do momento político; a definição do objetivo (sensibilizar a sociedade). Toma-se a decisão de promover uma marcha. Aí, então, define-se o caráter da marcha, a meta a ser alcançada, o trajeto a ser feito, as atividades a serem desenvolvidas no percurso etc.

Estes elementos estruturantes podem ser ampliados, dependendo do tipo e do caráter da atividade que se pretende desenvolver. Fundamentalmente, dependerá do caráter desta atividade para saber quais serão as demais tarefas a serem executadas.

Os **requisitos orgânicos** podem ser, inicialmente, os aspectos correspondentes à preparação: criação de coordenações e equipes que cuidarão da preparação da base, busca de alimentos, segurança, infraestrutura, divulgação, busca de apoio, definição dos pontos de parada, carro de som, ambulância, bandeiras etc. Ou seja: deve-se garantir tudo o que é indispensável para a marcha começar bem.

Mas a realidade política muda mais rapidamente que a realidade material. Por isso, é preciso prestar atenção nas transformações que vão acontecer no tempo e no cenário em que se desenvolvem as ações.

Ao iniciar a preparação da marcha, veremos que aparecem problemas que não estavam previstos. São novos **requisitos orgânicos** que o movimento interno das contradições fez aparecer e que antes não poderiam ser vistos. Por exemplo: a prisão de alguns coordenadores. Um dos requisitos será a contratação de advogados e a realização de protestos contra a truculência policial. Mas isso tudo não pode levar a perder de vista o objetivo inicial de fazer a marcha.

Os requisitos orgânicos garantem antecipadamente a eficiência da ação. Por isso, deve-se prever para que eles sejam preparados. Cada tarefa assumida por cada equipe ou militante deve estar concluída no momento previsto.

A correta distribuição de tarefas, a checagem permanente, o envolvimento de muitos lutadores para assumirem responsabilidades permitem descentralizar as decisões e ajudam na formação de novas lideranças.

Movimento interno e as novas tarefas

Como vimos, dentro de cada requisito há um movimento interno que faz surgir novas tarefas imprevistas. Tomemos como referência **o requisito "propaganda"**. No planejamento da equipe, não foi previsto que os marchantes receberiam homenagem na Câmara de Vereadores, pois a iniciativa foi motivada pela própria marcha. O requisito da propaganda não se esgotou no planejamento feito antecipadamente; apareceram novas tarefas, e mais lutadores deverão ser envolvidos. A esperteza política é a que leva a interpretar as novas possibilidades que vão surgindo. Ela amplia o alcance da ação.

Os elementos estruturantes também sofrem modificações durante a execução das atividades, tendo em vista as mudanças de conjuntura, ambiente, correlação de forças etc. Assim devemos proceder e prestar atenção em todos os aspectos.

Ampliação da área de abrangência da ação

O objetivo é alcançado na medida em que o método vai sendo implementado. Portanto, é necessário prestar atenção nas demais possibilidades que vão aparecendo no caminho e que podem atingir outros espaços não previstos. Logo, o objetivo de "sensibilizar a sociedade para a reforma agrária" ou por qualquer outro objetivo estabelecido poderá se ampliar, uma vez que as circunstâncias não podem ser previstas antes de se apresentarem as condições reais. Há casos típicos em que, por onde passaram marchas dos Sem Terra e da Consulta Popular, as pessoas despertaram para seus direitos, como o da moradia e, para isso, decidiram ocupar uma área urbana. Neste caso, o objetivo principal sofreu um acréscimo e foi além da sensibilização, promovendo e encorajando uma ação concreta. Isso significa que a área de abrangência da ação se ampliou sem ter sido prevista. O nosso desafio agora é como colaborar e fortalecer estas iniciativas.

É importante sempre formular perguntas sobre os diferentes aspectos possíveis: que abrangência pode ter esta ação? Que reações podem provocar estas medidas?

De acordo com o caráter da ação, os objetivos e o meio com que ela se relaciona, facilmente se descobrem novas áreas de ações, como: despertar novas lutas, ampliar as alianças, elevar o nível de consciência da sociedade, fortalecer mobilizações locais, estabelecendo novos objetivos de abrangência que esta ação pode desenvolver.

Bloqueios que vão aparecendo

Não são apenas as facilidades que o movimento das contradições revela, mas, também, as dificuldades que se desprendem delas.

No desenvolvimento das ações, pela lógica do seu próprio movimento interno, irão aparecendo bloqueios originados pelo movimento contraditório das forças. Os bloqueios são obstáculos que as forças contrárias colocam no caminho para dificultar e impedir o sucesso das ações.

Usando o exemplo da marcha, podemos considerar como bloqueio a não aceitação das rádios locais em divulgar, ou de campanhas contrárias para que ninguém apoie com alimentos e com a própria participação.

Para cada tipo e caráter de bloqueio, deve-se estabelecer uma forma de desbloqueio para que a ação tenha o alcance planejado.

Isto será possível fazer somente se os elementos estruturantes, de análise e domínio da realidade, estiverem sempre presentes no decorrer da ação, como os dois eixos de um carro. Não deve ser normal, em meio a uma ação, pensar apenas nas coisas práticas e menos nas análises e avaliações.

Em cada esquina há um aliado, mas, também, um inimigo. Como há pessoas que apoiam, há os que são contra. Os lutadores triunfam mais facilmente quando os bloqueios deixam de ser surpresa.

Perspectivas novas que se abrem

Este movimento interno existe em cada ação e sempre aponta para as perspectivas novas, tanto positivas quanto negativas. Não se conseguindo interpretar corretamente as perspectivas que se abrem, pode-se chegar ao esgotamento da ação, perdendo-se a chance de alcançar o objetivo. Aos poucos, podem-se perder as forças e se acabar em nada. Neste caso, o movimento regressivo é mais forte do que o progressivo.

O término de uma ação deve despertar uma infinidade de outras ações internamente e no raio de influência externa.

Os objetivos, por terem este dinamismo interno, apresentam também características utópicas as quais jamais alcançamos na totalidade. Elas nos animam a seguir em frente.

É possível se prever o final das ações quando se estabelece o período de luta. Mas sempre ganha mais força o movimento que não estabelece final, aquele que vê em cada ponto de chegada um recomeço para outras ações.

Quanto mais um movimento se fecha em si, menos perspectivas de avanços se percebem. É a soma das forças aliadas, e não a sua divisão, que enfraquece o inimigo.

Desvios políticos que levam à derrota

Geralmente, temos a tendência de nos prender em detalhes e esquecermos o todo quando realizamos as ações concretas, principalmente quando se trata da realidade externa. Isso pode conduzir uma luta com possibilidades de vitória à derrota, porque as ações evoluem e retrocedem no seu movimento interno. Vence quem consegue interpretar e reorientar as táticas em qualquer momento. Veremos a seguir alguns descuidos e desvios que levam à derrota.

Confundir instrumento e objetivo

Método e organização são instrumentos que se tem para alcançar o objetivo traçado. Quando se quer construir o instrumento subordinando a ele o objetivo, nem o instrumento nem o objetivo serão alcançados.

Precisa-se de um instrumento forte para se alcançar um objetivo estratégico. Mas o objetivo a ser alcançado sempre deve estar acima do instrumento. O instrumento, como ferramenta, pode ser superado, ampliado ou substituído durante o percurso, enquanto isso, o objetivo permanece.

Muitos partidos políticos se perderam e fracassaram na história política mundial porque o objetivo era construir, fortalecer e dar visibilidade ao instrumento, e não alcançar o objetivo político. Por esses equívocos, não se atingiu nem um, nem outro.

Tanto o objetivo quanto o instrumento servem como referência. O objetivo, como referência futura, e o instrumento, como referência imediata, para alcançar o objetivo estratégico. Sem eles, as pessoas descobrirão que jamais podem chegar onde almejaram.

Este problema se equaciona assim: se temos um objetivo a alcançar, necessitamos de um instrumento que nos leve até ele. O instrumento pode ser uma equipe, um setor, um movimento, um partido, uma frente, um exército, ou todos juntos, reunidos na mesma intenção.

Dogmatizar formas organizativas

As formas organizativas são geralmente o resultado das concepções ideológicas que temos. Se as concepções são dogmáticas, as formas organizativas também serão dogmáticas e não evoluirão.

O materialismo histórico é movimento, desenvolvimento, criação permanente. Por isso, não pode ser transformado em dogma. Tudo evolui, inclusive as concepções ideológicas, que, para se manterem vivas, devem ir assimilando os avanços que o movimento das contradições proporciona.

O dogmatismo equivale a uma pessoa idosa que aprendeu um tipo de dança na juventude. Ao ver os jovens dançarem na atualidade, critica. Por não ter acompanhado o desenvolvimento da inovação dos ritmos, acha que todos os jovens estão errados.

As formas organizativas e os métodos de trabalho de base são como as sementes, que só germinam de acordo com o clima e com o tempo certo de plantio.

Confundir unidade com uniformidade

Consegue-se a unidade quando se respeitam as opiniões e as submetem à vontade da maioria. A isso chamamos **centralismo democrático**, no qual todos podem apresentar seus pontos de vista e disputá-los.

Uma vez tomada a decisão, deve prevalecer a vontade da maioria. Mas isso não significa que todos devem pensar igual, ou que quem foi derrotado deve renegar as suas ideias. Isso seria um suicídio, e cairíamos em uma ditadura, pois pode ser que, em determinados aspectos, a minoria tivesse razão, mas o momento não possibilitou que estas ideias fossem assimiladas pela maioria. Por isso, a unidade é ter o direito de discordar sem atrapalhar a organização das ações, obedecendo e submetendo-se sempre à vontade da maioria.

A uniformidade seria a proibição de discordar, como se houvesse um caminho único para se chegar à verdade.

Por sermos humanos, temos ideias, opiniões, gostos, vontades, temperamentos, emoções e habilidades diferentes. No estratégico, portanto, temos rigidez na unidade; nas táticas, flexibilidade, para que cada lutador e lutadora desperte em si a capacidade de criar. Na luta de classes, a criatividade é a arma principal para derrotar os inimigos, e esta luta deve ter muitas formas combinadas.

Se temos unidade em torno dos objetivos estratégicos e humildade para reconhecer que a vontade da maioria é que decide, as discordâncias ficarão restritas a questões pontuais que o tempo supera rapidamente.

Desvincular democracia de organicidade

Muitos exigem democracia até chegarem a algum cargo nas instâncias; a partir daí, jamais se preocupam com ela. Outros simplesmente se satisfazem com a democracia dentro das instâncias, pois acreditam que, se os dirigentes participam, as bases estão representadas.

Preocupar-se com a democracia e não com a organicidade é ser antidemocrático por natureza, pois a organicidade é o elemento fundamental para que as bases possam participar. Assim, as instâncias têm mais elementos para decidir questões menores, e as bases, mais elementos para contribuir na implementação das decisões.

Organicidade, portanto, é a relação que deve ter uma parte com a outra da mesma organização. Embora as tarefas sejam diferentes, as partes têm a mesma importância, pois sem elas a responsabilidade das tarefas recai sobre apenas uma delas.

Conduzir o movimento em "linha reta"

Todo movimento de massas na história da humanidade caminhou por ondas. Após longos períodos de luta e enfrentamentos, as massas retrocedem como que para recuperar as forças. Não significa que estão abandonando a luta; estão, sim, pedindo um tempo para respirar, olhar para frente e retomar a luta com mais força e determinação. Não compreender este dinamismo no movimento de massas é levar a organização ao fracasso.

É preciso saber quando se abrem novas perspectivas de lutas, como está o estado de ânimo das massas, para não se empolgar e ficar isolado pelo desânimo ou cansaço delas.

Embora tenha que lutar até o fim para alcançar os objetivos, é preciso saber elaborar as táticas e combinar as formas de luta. Torna-se indispensável, para crescer, saber combinar os dois movimentos: o de avanço e o de recuo.

O princípio de direção coletiva sem preparo intelectual

Toda direção democrática deve funcionar de forma coletiva. Mas a direção, para ser coletiva, deve ter domínio teórico e nível de consciência política elevado. Se um apenas domina o conhecimento, concentrará também o poder em suas mãos, pois "saber é poder".

Vendo de outra forma, a organização que, em vez de qualificar as instâncias, qualifica apenas um ou alguns líderes, corre o risco de destruição pelo subjetivismo, oportunismo ou pela repressão. Os ideais revolucionários não podem depender de uma só pessoa para serem defendidos e alcançados. Tudo deve ser obra coletiva, mesmo que às vezes as habilidades individuais estejam em destaque.

Formar quadros significa incorporar os lutadores em todos os planos. Dirigir é tomar decisões; por isso, torna-se quase impossível formar quadros fora do espaço no qual se tomam as decisões.

O preparo intelectual vem através do conhecimento. Pouco importa como o conhecimento chega até nós, importa que o assimilemos. Todo dirigente deve ser autodidata, devem buscar por conta própria o conhecimento. Daí é que a leitura que faz um dirigente é diferente das leituras que fazem os estudantes universitários. O dirigente estuda o que os problemas exigem, pois a prova que deve prestar é com a construção da história. Se este falhar, seus seguidores perderão o ano e talvez a vida.

A disciplina como simples obediência às normas

Toda organização tem normas, estatutos etc., que são estabelecidos pelo conjunto da organização para serem observados por todos. Mas respeitar normas para provar que a "instituição" funciona é um crime contra a consciência e a criatividade dos seus lutadores. O mesmo ocorre quando as normas são cumpridas por medo de sofrer punição ou castigo.

A observância das normas deve ser consciente. Quem as está cumprindo assumiu o objetivo a ser alcançado pela organização como seu; por isso, não reclama do sacrifício nem do esforço a mais que deve empregar.

A diferença entre uma organização revolucionária e uma seita é fundamentalmente o fazer de forma consciente ou o fazer de forma doutrinada. A primeira é dialética, a segunda é sectária.

Para se chegar à disciplina consciente, deve-se buscar a formação da consciência. A disciplina, neste sentido, garantirá o princípio da unidade. Fazer por acreditar é diferente do fazer para cumprir com a obrigação. Após ter adquirido a consciência da disciplina, não é difícil um lutador do povo manter a disciplina. Daí em diante, o faz de forma natural, pois ela já se tornou parte de seu caráter. Difícil neste caso é deixar de ser disciplinado. A preocupação maior é não falhar, não se esquecer do compromisso e estar sempre preocupado com a contagem regressiva do tempo em que se realizará a ação.

A disciplina também fortalece a convicção de respeito e do compromisso com os demais membros da organização e da sociedade.

Ignorar os valores culturais do povo

Existem muitos princípios científicos corretamente aplicados na realidade. Existem verdades na convivência social que é perda de tempo discutir se são corretas ou não. E existem valores culturais de um povo ou de grupos sociais que, embora pareçam "infantis", sobrevivem ao longo do tempo.

O materialismo dialético e histórico nada mais é do que a ciência da história em desenvolvimento. Significa que o marxismo é uma ciência inesgotável, que se "alimenta" da própria realidade para se desenvolver.

Desta forma, o conhecimento somente será verdadeiro se partir sempre da realidade, buscando extrair dela os elementos para a sua própria transformação. Portanto, a condição objetiva da realidade não é apenas a parte do desenvolvimento das forças materiais, porque os elementos subjetivos se tornam objetivos quando deles depende a transformação da realidade. Por isso, o materialismo não é sinônimo de afastamento da cultura, da religião, da arte, da língua e dos costumes. Tudo isso faz parte da vida objetiva da sociedade e estará envolvido no processo de transformação.

Pode-se, com o decorrer do tempo, ir agregando aspectos científicos; isso somente se conseguirá através da elevação do nível de consciência da sociedade.

No trabalho de base, é fundamental compreender no que o povo acredita e por que acredita. Deve-se respeitar seus símbolos, crenças, valores e buscar, através da reflexão, dar-lhes novo conteúdo.

Usar uma linguagem maliciosa e "preconceituosa"

Existem pessoas que, no intuito de serem modernas, utilizam uma linguagem que dá margem ao preconceito.

Geralmente, a classe trabalhadora possui um raciocínio associativo que vai construindo imagens através das palavras ditas. Se a linguagem for direta, mas preconceituosa, as pessoas tendem a satirizar ou a retrair-se, estabelecendo um bloqueio na participação.

A linguagem tem figuras e segue geralmente uma lógica de sujeito, tempo e lugar. O exemplo mais típico é o gênero musical, que modifica as atitudes das pessoas ao ouvi-las. Podemos usar como referência a música caipira "Chico Mineiro", pela qual o camponês silencia para poder ouvir a história contada. Ignorar a questão da linguagem é causar problemas. É violentar a cultura e criar resistências de relacionamento entre os trabalhadores.

Não saber combinar atividade de direção com ação de massas

É fundamental evitar o assistencialismo no trabalho de massas; isso traz consequências graves para o futuro, fragilizando a organização e inibindo o desenvolvimento da consciência política dos trabalhadores. O assistencialismo serve aos líderes personalistas e é prejudicial para confirmar o método de direção democrático e participativo. Por isso, nunca se deve:

- negociar pelas massas
- resolver pelas massas
- decidir pelas massas
- radicalizar pelas massas

Estas são formas que impedem o crescimento político-ideológico da organização e transformam o líder em figura mais importante que as instâncias e a própria organização.

Elementos que antecipam as ações

Quando vamos definir uma ação, três elementos são fundamentais e devem nos orientar para manter a linha política no caminho correto. Para tanto, devemos observar as relações elencadas a seguir:

Coordenadores e coordenados

Qualquer que seja a atividade de grupo ou de massas, sempre deve haver internamente uma estrutura organizativa que estabeleça a função de cada parte, ou, mais propriamente, que cada qual saiba "seu papel" dentro de cada atividade. Esta estrutura é que estabelece as responsabilidades para que o plano seja concretizado.

Desta forma, se estabelece uma relação entre "coordenadores e coordenados". Mesmo que se estabeleça o princípio da direção coletiva, sempre será necessário ter uma estrutura interna que distribua as funções como coordenação, secretaria, animação etc. Muitas vezes, a tarefa de coordenar já está nas características de cada indivíduo. Pela experiência, a palavra de certas pessoas tem mais força e, por isso, se destaca mais que a de outras. Assim, além de sabedoria, a tarefa de coordenar é uma arte que nem todos dominam.

Dentro desta arte de coordenar temos três aspectos fundamentais:

Fixar objetivos e orientar sua realização

As coisas não acontecem pela simples vontade das pessoas. É preciso associar a vontade com o planejamento. Mas não basta planejar, é preciso saber colocar as forças em movimento para que o planejamento se torne ação. Para se desencadear ações, é preciso orientação e acompanhamento permanente. Coordenar é ajudar a planejar, orientar o plano e vigiar para que as ações não saiam da linha estabelecida. Quando se deu alguns passos, é preciso avaliar o caminho já percorrido para que todos percebam o que já foi feito. Isto dá confiança e anima as forças em movimento.

Elevar o nível de consciência

Há momentos em que as dificuldades aumentam, a motivação diminui e as pessoas perdem o estímulo para continuar lutando.

Como temos nas mesmas fileiras coordenadores e coordenados, é preciso que ambos vejam as coisas a partir do mesmo ponto de vista e comecem a ter as mesmas preocupações com os passos seguintes. Informações precisas e discussões coletivas evitam desavenças e mal-entendidos, possibilitando segurança para seguir em frente.

O desenvolvimento da consciência é fundamental para se manter a unidade. Temos naturalmente a **consciência social**, formada pela própria convivência da sociedade, mas esta se esgota quando os problemas a serem resolvidos dependem de disputa política. Nesse momento, faz-se necessária à **consciência política**, que se manifesta através das formas organizativas, uma definição das táticas e estratégias para se conseguir transformações mais profundas, com a participação de mais pessoas que estão além da categoria ou grupo específico.

A capacidade de explicar o que estamos fazendo e por que queremos chegar até determinado lugar já significa que a consciência está adquirindo um novo conteúdo. Isso fará com que o indivíduo passe da categoria de massa para a de lutador do povo e sinta que o projeto lhe pertence. Terá cada vez mais interesse de imprimir neste projeto suas características pessoais. Por isso, costumamos dizer que a organização é a imagem e semelhança de seus coordenadores.

Entender os limites e resistência das pessoas

Todas as pessoas possuem qualidades que devem ser compreendidas e utilizadas no fortalecimento da luta. Mas as pessoas também têm limitações e resistências. Muitas vezes pode-se exigir sacrifício porque não há outro jeito; mas, se houver, não é justo sacrificar o povo, é preciso que isso seja consciente. Se é possível fazer uma manifestação com melhores condições que favoreçam os participantes, não se deve relaxar e fazer de qualquer maneira.

Há lutadores que possuem dificuldades pessoais e às vezes se afastam para cuidar delas, aparentando abandono da luta. Na verdade, o que está acontecendo é a distância em que se encontra o lutador e onde queremos que ele chegue.

Outros têm habilidades e gosto para fazer algumas atividades, mas os colocamos em lugares impróprios; por isso não rendem como gostariam e desanimam.

Há pessoas que podem lutar um dia e depois querem voltar para casa; outros, uma semana, um mês; e há os que podem lutar o tempo todo. A questão não está no tempo em que se luta diretamente, mas no que cada um pode fazer para sustentar a luta o tempo inteiro. Desta maneira, haverá lutadores em todos os lugares, porque a história não é feita apenas em um só lugar ou apenas no caminho por onde passam as marchas.

Quando há muitas pessoas fora da luta ou sem contribuir com ela, o problema está naqueles que ainda não aprenderam a motivá-las e a organizá-las.

Consciência para desenvolver ações

Nunca se deve fazer por fazer. Devemos ter claras as razões para fazer conscientemente. É preciso entender que as pessoas que se dispõem a entrar na luta são seres humanos, que possuem mais do que braços e pernas para movimentar. Elas têm sonhos, esperanças e acreditam ser vencedoras. Por isso buscam na ação as condições fundamentais para alcançar estes objetivos.

A luta sem objetivos é um barco sem destino. Devemos eliminar dentre nós qualquer impulso mesquinho de radicalidade sem causa, para evitar os sacrifícios inúteis.

Encontramos em *Arte da guerra*, livro de Sun-tzu, muitas orientações para a luta. Aqui queremos destacar esta que nos chama atenção:

"Os guerreiros habilidosos de antigamente primeiro descobriam a situação dos inimigos, depois faziam planos para lidar com eles. O sucesso é garantido quando o inimigo atacado está nestas condições:

- forças combatentes fatigadas;
- suprimentos esgotados;
- o povo cheio de tristeza e amargura;
- muita gente doente;
- sem planejamento para o futuro;
- equipamento em mau estado;
- soldados sem treinamento;
- reforços que não chegam;
- a noite cai quando ainda têm muito que caminhar;
- os soldados estão exaustos;
- os generais são insolentes e os oficiais, desatenciosos;
- esquecem-se de fazer preparativos;
- ao avançar, não formam linha de combate, estas não são estáveis;
- são indisciplinados quando percorrem terreno acidentado;
- existe discórdia entre combatentes e soldados;
- tornam-se arrogantes quando vencem uma batalha;
- há desordem nas fileiras, quando movimentam as linhas de combate;
- os soldados estão cansados e propensos a disputas;
- o exército recebe provisões, mas o povo não come;
- cada homem move-se por si só – uns vão na frente, outros ficam para trás."

Portanto, é preciso saber profundamente como estão nossas forças e as forças inimigas para desenvolvermos ações que desperdicem menos esforços e evitem sacrifícios além das necessidades.

Espírito de continuidade

É preciso ter a habilidade de perceber que este movimento interno, que existe em todas as coisas, permanece e se alimenta pela vinculação com a história na busca de construir o futuro. São infinitas gerações anteriores que se fazem presentes através de pessoas organizadas.

Cada ato é o resultado de um movimento complexo que já se iniciou há muito tempo e tende a continuar se reproduzindo de diferentes formas.

Esta arte de combinar as forças e aproveitar as diferentes contradições para dar-lhes maior qualidade faz parte do espírito de continuidade na construção da própria história.

A arte de dirigir com eficiência

Dirigir é saber combinar os diferentes meios colocando-os, no momento certo, a serviço dos objetivos estabelecidos. Esta arte deve levar em consideração diferentes aspectos da realidade.

Aproveitar as oportunidades

Existem condições que, em determinados momentos, não nos deixam agir, e então devemos recuar. Em outros momentos, pelas condições dadas, precisamos caminhar mais rapidamente para não perder a oportunidade.

Os antigos sábios diziam que "querer superar os inteligentes por meio da insensatez é contrário à ordem natural das coisas. Superar os insensatos por meio da inteligência está de acordo com a ordem natural das coisas. Entretanto, superar os inteligentes por meio da inteligência é uma questão de oportunidade". Só há três caminhos para a oportunidade: acontecimentos, tendências e condições.

- **acontecimentos**: quando as oportunidades surgem através dos acontecimentos, mas não conseguimos agir, falta-nos **esperteza**;
- **tendências**: quando as oportunidades surgem através das tendências, mas não conseguimos fazer planos, falta-nos **sabedoria;**
- **condições**: quando as oportunidades surgem através de condições, mas não agimos, falta-nos **audácia.**

Esperteza, sabedoria e audácia resumem a tarefa de dirigir aproveitando as oportunidades que a realidade nos oferece.

Conhecer suficientemente as pessoas

As pessoas reagem de diferentes formas, obedecendo a determinados estímulos. Nem sempre o que aparenta ser é. Existem pessoas que parecem ser muito respeitosas, mas, no fundo, possuem um temperamento agressivo. Novamente recorrermos aos sábios, que achavam que, dentre todas as tarefas, a mais árdua era a de entender as pessoas. Sun-tzu sistematizou em sete pontos as orientações que deveriam ser levados em consideração no conhecimento das pessoas:

- fazer-lhes perguntas sobre o que é certo ou errado para observar suas ideias;
- esgotar todos os seus argumentos para ver como reagem;
- consultá-las sobre estratégias para ver se são perceptivas;
- anunciar que está havendo problemas para ver se são corajosas;
- embebedá-las para observar sua natureza;
- apresentar-lhes perspectivas de ganhos para ver se são modestas;
- designar tarefas para serem cumpridas em um prazo específico, para ver se merecem confiança.

Estas questões servem como orientação quando se tem dúvida de alguém, principalmente neste momento histórico em que as infiltrações dos serviços de informação oficiais são cada vez maiores.

Treinar a militância

"Fazer os soldados entrarem em um combate sem treinamento é o mesmo que abandoná-los. Ensine as pessoas comuns durante sete anos e estas também poderão ir para a guerra" – disse Mao Tse-tung. Ou seja, é preciso empregar tempo na preparação dos quadros e lutadores do povo.

Dirigir é capacitar os militantes para que consigam desenvolver as atividades perfeitamente, sem cometer erros graves.

É preciso ter a capacidade de, ao mesmo tempo em que multiplicamos os conhecimentos, multiplicarmos militantes que possam assumir diversas tarefas para o fortalecimento da organização.

Conhecer profundamente a realidade

Toda direção correta deve ser conduzida das massas para as massas. Mas esta massa se encontra dentro de um espaço geográfico e num tempo determinado. É preciso conhecer os caminhos por onde se anda e quais as dificuldades que encontraremos pela frente.

Não basta confiar apenas nas condições objetivas e subjetivas. A realidade é um emaranhado de condições e surpresas que a cada momento apresenta novas contradições. Além disso, existem outros fatores que são dificilmente medidos: a vontade, o interesse, o grau de rebeldia, a persistência etc. Há pessoas desmotivadas, mas um simples discurso de um dirigente pode encorajá-las a lutar. Há outras que estão em luta, mas possuem pouca disposição de persistência e podem, no entanto, enganar os dirigentes.

As táticas devem ser determinadas de acordo com as novas condições que se apresentam. Em política, o que deve ser considerado não é apenas a existência de classes, mas, fundamentalmente, sua disposição de lutar por determinados interesses de classe.

Saber ocupar espaços

Na história, ao mesmo tempo em que vamos fechando espaços, vamos abrindo outros. Isso porque, em política, não existem espaços vazios. É importante saber ocupá-los em todos os sentidos, na vida política da sociedade. É preciso compreender que as pessoas são centrais em tudo o que se faz; o que não serve a todos não é uma boa invenção, a não ser que isso tenha um caráter de classe que atenda a maioria.

Há espaços em todas as dimensões a serem ocupados. Quanto mais espaços forem ocupados, mais a organização se amplia.

O método de direção consiste em perceber os espaços a serem ocupados e orientar as bases para que os ocupem.

Para que isso ocorra, é fundamental desenvolver, na teoria da organização de cada área, o que significa este espaço e traçar os objetivos a serem alcançados. Através desta elaboração teórica se esclarece e ilumina o caminho a ser percorrido.

A teoria da organização deve contemplar todos os aspectos da vida política, social e humana. Cada ser humano carrega dentro de si vontades, paixões e expectativas. A organização política e social deve corresponder a tudo isso para que as pessoas, ao participarem, se sintam bem e queiram continuar juntas na construção do projeto.

Para concluir, poderíamos dizer que **o método é a competência de planejar a ocupação dos espaços políticos que as oportunidades oferecem**.

Deixar de ocupá-los significa perder as oportunidades que a história oferece, e que às vezes pode levar muito tempo para se criarem as mesmas condições propícias para a transformação. É por isso que não acontecem revoluções todos os dias. As que triunfam, nós sabemos, porque as vemos triunfar. As que são derrotadas, nascem fora do momento oportuno; e as que não vemos é porque perdeu-se a oportunidade histórica de impulsioná-las, ou ainda não nasceram as oportunidades para a sua realização. Dirigir com atenção é a forma correta de perceber as oportunidades; elas estão sempre à beira do caminho que vamos construindo através do método de organização das massas.

Método se formula a partir das condições que a realidade apresenta. Como não se pode ir a todo lugar com o mesmo método – pois este é apenas um instrumento que funciona como qualquer outro –, serve para algumas atividades, mas não serve para outras. Por isso, a qualidade principal de um dirigente é formular métodos de trabalho.

O dogmatismo e o sectarismo não podem fazer parte de uma prática revolucionária, pois elas buscam repetir o tempo todo as mesmas coisas sem perceber as mudanças, fazendo crer que são as únicas verdades existentes; e afastam de si quem pensa diferente.

O mesmo ocorre com o personalismo, que acredita apenas em si, desconsiderando os demais membros da organização. Por mais capacidade que tenha um ser humano, isso levará a organização à derrota, pois os princípios e os conhecimentos revolucionários são patrimônios coletivos e somente se desenvolvem se coletivamente forem desenvolvidos e aplicados.

Cabe, portanto, a cada um fazer a parte que lhe cabe, mas não custa ajudar a fazer a parte que cabe aos que possuem mais dificuldades, pois trata-se da mesma organização.

Triunfar é apenas uma consequência da eficiência do trabalho de base e do método de direção.

COMO FAZER UMA REUNIÃO

Ademar Bogo
2000

É normal nos depararmos com uma situação em que não sabemos mais como seguir em frente em uma reunião. Isto ocorre por diferentes razões, que podem estar na deficiência de preparação, na colocação dos assuntos sem a definição de objetivos claros ou até mesmo por ser o coordenador de baixa capacidade e não conseguir dinamizá-la.

Sempre que alguém convocar ou coordenar uma reunião, deve, além de preparar-se, convocar outras pessoas para ajudá-lo.

Para que uma reunião alcance êxitos, devemos nos propor a entender três aspectos: o que é, como prepará-la e como conduzi-la.

O que é uma reunião

A reunião é um momento em que um grupo se encontra para discutir, avaliar e tomar decisões – isso se quisermos tratar apenas do aspecto racional da organização e do ser humano. Mas, se quisermos valorizar de fato as pessoas que compõem o grupo e a organização, devemos considerar outras dimensões da vida humana que procuram, através da reunião, buscar satisfações para os aspectos que não dizem respeito simplesmente ao lado político, mas também sentimental, emotivo etc.

Muitos militantes e dirigentes acreditam que a reunião se resume na parte do encontro e na discussão dos pontos previstos; enganam-se profundamente. Isso porque, para se fazer uma reunião de duas horas, provavelmente se necessite trabalhar cinco e até dez vezes mais na sua preparação. Há estudos que afirmam que, para se realizar uma boa reunião, 50% diz respeito ao que se faz antes dela começar, 30% depende do coordenador e apenas 20% está sob responsabilidade dos participantes.

Poderíamos destacar sete linhas específicas para que uma reunião seja eficiente:

- definir os objetivos da reunião e preparar a pauta;
- convocar antecipadamente os participantes;
- preparar um local confortável, de fácil acesso e que cause boa impressão;
- prever o horário certo de iniciar e de terminar, evitando desgastes;
- manter a ordem dos pontos a serem discutidos e dar oportunidade a todos para emitirem sua opinião dentro do prazo estabelecido;
- encaminhar corretamente as definições com distribuição de tarefas;
- avaliar o desempenho para saber o que se deve melhorar.

Como se prepara uma reunião

A reunião precisa ser preparada com antecedência. Não basta marcar a data na agenda e ficar à espera de que chegue o dia e o horário.

Reunir uma equipe de preparação

A equipe de preparação será responsável e garantirá que a reunião seja benfeita. Para isso, deverá seguir determinados passos:

Retomar ou definir os objetivos a serem alcançados

Não podemos entrar em uma reunião sem termos clareza do que queremos alcançar com ela – embora muitas vezes o resultado alcançado seja diferente do que pensamos –, mas o importante é chegarmos a um resultado concreto. Poderíamos dizer que temos dois tipos de objetivos em cada reunião: o primeiro chamamos de **objetivos gerais,** que são amplos e atendem às linhas políticas da organização. O segundo, de **objetivos específicos,** que são aqueles determinados pela reunião ou para cada ponto de pauta.

Preparar a pauta da reunião

A pauta nada mais é do que o alinhamento dos pontos que queremos discutir com todos os itens, os objetivos a serem alcançados e a metodologia a ser utilizada para se fazer a discussão e aprovação de cada ponto, com o tempo determinado.

Sempre deve-se prever um espaço para que os presentes possam acrescentar algum assunto que por ventura não se possa adiar. Isto é feito no momento da apresentação da pauta.

Definir data, local e equipes de trabalho

Definido a data, deve-se pensar em local de fácil acesso e que tenha condições adequadas para se fazer uma boa reunião. Não precisa ser um lugar luxuoso; é importante que seja confortável ou, pelo menos, que tenha as condições mínimas, como: cadeiras, sala ou local ventilado, banheiros próximos, luz, água potável etc.

Visto isso, deve-se pensar nas equipes que contribuirão para a realização da reunião. Para isso, é necessário distribuir tarefas entre todos. Inicia-se pelo estabelecimento das tarefas:

- confecção e distribuição dos convites;
- impressão da pauta e demais materiais;
- ornamentação e preparação do local;
- animação da reunião;
- alimentação, hospedagem e lanches, no caso de a reunião ser prolongada;
- segurança para garantir tranquilidade aos participantes;
- recepção e transporte, se necessitar;
- contatos com assessorias, se precisar;
- preparação de pastas e materiais didáticos se necessário, dependendo do caráter da reunião;
- definição de quem irá coordenar e secretariar a reunião. Nas reuniões rápidas que impossibilitam esta preparação, deve-se, como primeiro passo, definir quem coordenará a reunião.

Para cada uma destas atividades ou para outras que necessariamente surgirão, devem-se responsabilizar pessoas ou equipes para realizá-las. Quanto mais distribuirmos as tarefas, maior será a participação e a capacitação das pessoas envolvidas.

Como realizar uma reunião

A reunião, como vimos, tem momentos diferentes. Podemos dizer que ela já inicia no momento da definição dos objetivos, muito tempo antes de as pessoas se encontrarem.

A realização da reunião é o momento em que as pessoas se agrupam em um lugar determinado. Para facilitar a explicação desse momento, o separamos por passos:

Recepcionar as pessoas

Geralmente as pessoas não chegam todas no mesmo momento. Sendo um grupo conhecido, não há problema, pois as pessoas, espontaneamente, encontrarão formas de integração e utilização do tempo, enquanto aguardam o início da reunião. Mas, se for um grupo de pessoas estranhas, ainda não há um relacionamento franco, e é natural que elas fiquem dispersas. Por isso, é importante que se constitua uma equipe para recepcioná-las e dar atenção antes do início.

Fazer a abertura da reunião

A abertura deve ser uma cerimônia previamente preparada e adaptada ao ambiente e ao número de pessoas que participarão da reunião. Muitos classificam este momento como sendo a mística, ou seja, é uma forma de trazer aspectos da realidade e da utopia para que todos possam observar e sintonizar os sentidos em busca da unidade e da antecipação dos aspectos estratégicos que queremos alcançar.

A abertura pode seguir a seguinte divisão:

- **Animação inicial e mística**

Este é o momento forte da abertura, no qual se movem os sentimentos e destaca-se o valor da alegria com o fundamental. Podem-se homenagear lideranças ou mártires, cantar o hino da organização ou o hino nacional.

- **Apresentação dos objetivos da reunião**

Nesse momento são apresentados os objetivos da reunião. Se for uma reunião grande, deve-se pensar em compor mesa com diferentes pessoas ou lideranças de outras organizações que poderiam utilizar a palavra. No caso de reuniões pequenas, basta que alguém faça a explicação rápida dos objetivos da reunião.

- **Apresentação dos presentes**

Se na reunião tivermos pessoas que não se conhecem, é importante reservar um momento para que todos possam dizer seus nomes, de onde vêm e o que fazem, para tranquilizar e criar uma identidade afetiva no grupo.

Se as pessoas são conhecidas, pode-se reservar esse momento para destacar aspectos das virtudes que cada uma tem, do que gosta de fazer, do que fez durante a semana, expressar o que cada um vê no símbolo colocado à frente, declamar poemas, cantar, enfim, destacar qualidades dos presentes. Há grupos que se reúnem há anos e, mesmo assim, as pessoas não se conhecem e se espantam quando, por ventura, veem algum membro despontar em uma atividade, pois ninguém acreditava ou não havia se dado conta de suas qualidades, até então ocultas.

Preparação e início das discussões

Após ter feito esta sessão de abertura, mais ou menos prolongada conforme o caráter da reunião, dá-se início aos encaminhamentos para as discussões.

- **Apresentação dos pontos a serem discutidos**

Isto somente pode acontecer se já tivermos o coordenador escolhido e a pauta elaborada. Caso contrário, deve-se escolher o coordenador e o secretário e alinhar os pontos que serão discutidos.

A forma de apresentar os pontos de pauta depende da capacidade e iniciativa do coordenador. Pode ser através da leitura dos pontos que estão impressos em uma folha, pode ser através de cartazes ou outras formas. O importante é fazer com que todos entendam o que vai ser discutido.

Aprova-se a pauta, prevê-se o tempo para cada ponto e define-se o horário do término da reunião.

O coordenador pode fazer algumas combinações com os presentes ou pedir para que os responsáveis pela segurança o façam, como horários, disciplina, cuidados e demais orientações.

Colocar cada ponto

O coordenador tem a tarefa de apresentar o ponto juntamente com os objetivos que se queira alcançar com esta discussão e estabelecer a forma metodológica da discussão – se será em plenária ou em grupos. E inicia obedecendo a seguinte ordem.

- **Abre a discussão**

Orienta para que as falas sejam feitas por ordem de inscrição, limitando o tempo se necessário.

O coordenador deve ficar atento para anotar as propostas de encaminhamentos que já vão sendo postas durante as falas.

- **Colocação e aprovação das propostas**

Esgotado o tempo de discussão do ponto específico, o coordenador intervém colocando as propostas de encaminhamentos expressas. Se são contraditórias, deve pedir para que os respectivos responsáveis esclareçam mais sobre o que significam e, na medida em que forem sendo esclarecidas, põe-se em votação, permanecendo a vontade da maioria. No caso de as propostas serem complementares, o coordenador deve ter a habilidade de reuni-las em uma só e encaminhar.

- **Distribuição das tarefas**

Toda discussão deve dirigir-se para encaminhamentos concretos, e estes encaminhamentos exigem definições de atividades que poderão dar início a um novo planejamento; ou, então, a simples execução de uma tarefa encerra o ciclo deste ponto da reunião. Como exemplo: se a discussão concluir que se deve fazer uma mobilização de massas, significa que há necessidade de elaborar um plano com detalhes para que a mobilização aconteça. Isto pode ser iniciado na reunião ou delegado para um grupo elaborar o plano, que deverá ser discutido em uma próxima reunião. Mas, se a discussão encaminhou para o fechamento do assunto (como, por exemplo, pagar o aluguel da sede), basta definir quem irá efetuar o pagamento.

Assim se procede com todos os pontos: um a um sendo eliminado, com os devidos encaminhamentos, e com a distribuição das tarefas.

Encerramento da reunião

Para encerrar a reunião, é importante que o coordenador estabeleça a seguinte ordem a fim de que se tenha possibilidade de saber se ela valeu a pena.

- **Solicitar ao secretário que leia as conclusões**

O secretário deve retomar os pontos, relatar as conclusões alcançadas e os responsáveis pelas tarefas. A forma de aprovação das conclusões pode ser através de aplausos ou através de uma palavra de ordem etc.

O coordenador deve observar se os objetivos estão sendo atingidos e alertar os participantes para que também observem este aspecto.

- **Avaliar a reunião**

Pode-se reservar um breve momento para avaliar a reunião e recolher sugestões para a próxima.

- **Marcar a próxima reunião**

Sendo um grupo organizado, deve-se, prever no caso de não se ter um calendário definido, a data e o local da próxima reunião, ou então alertar que será feito um convite posteriormente para que todos possam voltar a se reunir.

- **Encerrar a reunião**

Sempre deve haver o encerramento da reunião. Este deve ser alegre e, por isso, a pessoa ou equipe encarregada deve assumir o comando de encerrá-la. Podem-se entregar lembranças para cada participante, cantar hinos, prever falas e discursos etc.

Uma reunião, na medida em que vai se encerrando, deve deixar uma sensação de saudade em seus participantes, para que sintam vontade de retornar na próxima.

A MÍSTICA: PARTE DA VIDA E DA LUTA

Ademar Bogo
abril de 2008

Nos últimos tempos, os movimentos sociais passaram a usar a palavra mística como sinônimo de animação. Muitos até veem a mística como uma sessão dentro da atividade política, como se ela fosse um momento apenas de encenação e pronto – daí em diante, o encontro estaria liberado para se "falar sério".

Mas a mística é muito mais. Ela é a motivação que nos faz viver a causa até o fim. É aquela energia que temos e que não nos deixa dizer não quando nos solicitam ajuda. É a vontade de estar em todos os lugares ao mesmo tempo, de querer ajudar e realizar coisas que façam a luta ser vitoriosa.

Mas então aquela apresentação que fazemos no início dos encontros não é mística? É também. As pessoas que se envolvem na preparação querem expressar, através de uma mensagem, as razões pelas quais lutamos, criando, de forma imaginária, o mundo que queremos alcançar, para que os presentes vejam e se animem a ajudar a construir aquela ideia, aquele sonho. A mística é fundamental para a vida e para a luta. Sem mística na vida cotidiana, perdemos a alegria, a vibração, o interesse e a motivação de viver. Sem mística na luta, perdemos a vontade, a combatividade, a criatividade e o amor pela causa.

A mística se expressa de muitas maneiras. Cada militante, homem e mulher, dá de si aquilo que possui, como carisma, talentos ou habilidades, cooperando e oferecendo-se como elemento central do programa, sendo a parte física e mental da tática e da estratégia do programa.

Cada qual à sua maneira vai se oferecendo para preencher espaços nem sempre previstos. Assim ocorre quando uma equipe se prontifica a cozinhar os alimentos para o encontro. Outros se dedicam a melhorar e ornamentar o ambiente. Um terceiro grupo cuida da pauta. Mais um grupo cuida da segurança. Outros preparam a cerimônia de abertura, e, assim, o encontro se transforma numa grande festa, uma confraternização de seres humanos que marcaram de se encontrar para pensar o que fazer de suas vidas e das vidas de tantos outros seres e espécies.

Neste pequeno texto, vamos aprofundar este assunto da mística para que tenhamos a mesma compreensão e assim possamos valorizar a sua importante contribuição para a transformação da realidade. Por isso, podemos dizer que precisamos, para que a luta seja vitoriosa, de força, ideias e mística.

O que significa a mística

A palavra mística é a representação de "mistério". Usa-se geralmente a palavra "mistério" para designar coisas inexplicáveis ou coisas indecifráveis. "Mistério", para a mística, é saber a razão pela qual coisas extraordinárias acontecem na luta. Por que o ser humano têm a capacidade de ir tão longe na resistência? Por que desafiamos todas as forças e todos os limites para que uma causa coletiva seja vitoriosa? Por que tomamos estranhos como aliados e os protegemos como se fossem parte de nós apenas por eles terem identificação com a nossa causa?

A palavra *Mysterión,* oriunda da língua grega, descende de *múien*, "a busca de entender o que está escondido nas coisas".[1] A mística é a procura de explicações e, ao mesmo tempo, o incentivo para viver o inexplicável.

Na linguagem coloquial, poderíamos chamar este viver de "heroísmo". Mas qual é a razão que faz mexer com a bravura para que um ser humano desenvolva "atos heroicos"? Ou seja, podemos explicar o ato, mas temos

[1] Boff, Leonardo. *Ecologia mundialização espiritualidade*. São Paulo: Ática. 3ª ed., 2000.

dificuldades de explicar a motivação que levou alguém a realizá-lo. Assim, podemos entender a mística como manifestações nas atitudes de energia, persistência, vigor e reações positivas. São reações que acontecem sem sabermos muito bem de onde se originam e nem por que se manifestam com maior intensidade em uns e menos em outros.

Para nós, "mistério" será sempre a dimensão de profundidade que as coisas têm. Contudo, a profundidade não se opõe ao conhecimento decifrável. Na vida e na luta, há coisas que se explicam por si; já outras, nem mesmo a teoria consegue desvendar seus segredos.

As diferentes interpretações da mística

há diversas formas de ver e de explicar a vivência da mística. Por razões metodológicas, vamos tomar três referências que tratam o mesmo assunto.

O sentido religioso

As religiões utilizam muito a mística, e nela adotam, costumeiramente, o sentido de espiritualidade, devoção ao sagrado, compenetração e adoração às forças divinas que guardam o mistério da superioridade onipotente. Estas forças influenciam diretamente o comportamento social e levam à prática dos valores da solidariedade, da justiça, do companheirismo etc.

A partir da religião, temos duas visões de mística. Uma, a que se manifesta nos místicos, indivíduos que têm por opção a relação cotidiana com a divindade para explicar e solucionar os problemas sociais. São os representantes terrenos da espiritualidade. Outra, é a espiritualidade militante, que, pela força da fé, apega-se aos problemas sociais e busca soluções pelas contradições. Quer a igualdade e a fraternidade entre as pessoas, mas busca atacar as causas econômicas e políticas dos problemas, enfrentando todas as dificuldades, prisões, torturas... e não desiste.

Há exemplos diversos na história de lutadores que, motivados pela fé, transformaram a justiça em causa política e entregaram a vida para alcançar este fim. Nas lutas de milhares de camponeses, percebe-se que, junto com a rebeldia, estão as crenças religiosas. São valores culturais que ajudam a fortalecer a luta de classes.

O sentido das ciências políticas

As ciências políticas chamam de *carisma* o que chamamos de mística. A partir desta interpretação, as pessoas agem porque, além da motivação, possuem características, habilidades e convicções. Morrem se preciso for para defenderem aquilo em que acreditam.

É uma forma diferente de perceber esta "força estranha". O carisma também tem manifestações difíceis de serem explicadas e também é rodeado de "mistérios". Por exemplo, por que alguém se mantém firme na luta e outros não? Por que uns têm habilidades naturais e não as usam, como, por exemplo, falar em público? Por que alguns militantes, ao entrarem na política institucional, não se corrompem, e outros, sim? Por que em alguns, demonstram qualidades que os transformam em lideranças? Por que algumas pessoas atraem mais que outras? São manifestações que a ciência não explica na totalidade. É o carisma que se diferencia de um para outro. "As habilidades ou o carisma, que se destacam mais em uma pessoa do que em outra, escondem o mistério de saber fazer naturalmente aquilo que, mesmo querendo, outros não conseguem".[2]

Sendo assim, as diferenças das habilidades individuais, em vez de se constituírem num problema, tornam-se grandes soluções, pois nos fazem encontrar um lugar na luta de classes para colaborar com ela. Ajudam, também, a perceber que a força está na coletividade, e somente com ela conseguimos alcançar os grandes objetivos.

O sentido filosófico e da valorização cultural

Aqui, a mística é a própria existência. Nasce da vida, das formas de trabalhar, de se organizar, de conviver, de lutar etc.

Os movimentos sociais resgataram este sentido da mística e o trouxeram para a prática política. A luta de classes tornou-se um lugar de convivência, admiração e esforço coletivo. Lutar faz parte da existência assim como o trabalho ou a festa. Por isso é que cantar na festa de aniversário e cantar na luta, nos enfrentamentos sangrentos, não é contraditório. Encenar os problemas da vida e imaginar soluções faz parte da capacidade misteriosa de cada ser humano, e cada qual demonstra os sentimentos e as habilidades de seu jeito.

---

[2] Bogo, Ademar. *O vigor da mística.* MST. São Paulo, 2000, p. 39.

Acreditar no futuro é saber aliar-se no presente com aqueles que acreditam nas mesmas coisas para que este futuro não corra riscos.

A mística é esta força calorosa que temos dentro de nós. Assim como o corpo precisa de certa temperatura para permanecer vivo, os sentimentos precisam de vigor, energia, para continuarem ativos. A mística é o calor de que o ânimo precisa para continuar vivo.

A mística na militância

A energia que está em cada militante é a razão de seu ânimo. Sem a nossa energia revolucionária os poderosos triunfam sem esforço. Com nossa energia, os poderosos não triunfam na totalidade, pois, mesmo nas derrotas, sempre resta uma chama acesa para iluminar o caminho da grande luta que um dia será vitoriosa.

A militância é mais do que uma tarefa ou um cargo que assumimos na organização; é uma paixão. Por isso, não importa o tipo de ação; pode ser uma atividade na produção, um combate na guerrilha, o preparo de um almoço para a reunião. O que move a força e a torna útil é a paixão que cada um tem dentro de si. Os mercenários agem por dinheiro, por isso precisam trair o grupo a que pertencem.

A paixão se torna convicção, e, quanto mais se faz, mais se quer fazer. Quanto mais se entra na luta, mais se quer seguir em frente. É uma força que não deixa parar. Quem está apaixonado já não vive para si, mas para aquilo por que se apaixona. Cuida-se, veste-se, prepara-se para se encontrar com este motivo vivo e consciente que arranjou para si.

Militância é praticar a liberdade de forma apaixonada. É querer ser livre, mas não sozinho. A busca da liberdade individual é uma aventura que termina mal. Um ser livre só se realiza se encontrar outro ser livre. Não pode haver felicidade se, no relacionamento, um é o senhor e o outro é o escravo. Se um é o patrão e o outro é o empregado. Se um é o dirigente e o outro o é dirigido. É por causa desta busca da igualdade que existe a militância. Todas as tarefas e funções são importantes.

Quando vemos militantes entregando a vida para que seja utilizada em favor do bem comum, estamos diante de pessoas de espírito superior.

Sinais da mística[3]

Mística é um sentimento que passeia delicado e lento por dentro de nosso coração. Como se tivesse mãos, coloca o ânimo em cada pensamento. Mexe no comportamento, no jeito de andar, falar e sorrir; é a força que nos faz sentir prazer e arrependimento.

Quem tem mística está sempre crescendo. A cada dia sente-se renascendo no que vai realizando. Seja na base ou no comando, a mesma energia se manifesta como a alegria em uma festa, instiga quem está participando.

Mas a mística não é só bondade. Às vezes se serve da ansiedade e angustia o corpo inteiro. Como uma chama no candeeiro, provoca todos os talentos e esgota as capacidades. Desafia as habilidades para enfrentar certos apuros. Cobra maturidade diante dos acontecimentos.

Às vezes se confunde com paciência, penetrando fundo na consciência e nos convidando a esperar. Pede para ir devagar para não estragar tudo. Mantém a emoção à flor do couro cabeludo e excita os olhos a chorar.

Para alguns, a mística é simples emoção; para outros, é dedicação. Depende da convicção que se tem com a causa objetiva. Manifesta-se de forma desigual – frágil quando é individual, forte quando é coletiva. A diferença a se comparar está na capacidade de sonhar. Embora alguns sonhem sem nada edificar, há os que vão construindo os sonhos. Os dois lados andam juntos e separados.

Assim fazem-se os edificadores; homens e mulheres em plena construção, que sentem, choram, vibram e correm mesmo dispersos na mesma direção.

A mística empurra quem procura. Não deixa desanimar. Mesmo na exaustão de procurar, ela incentiva a tentar mais uma vez. Aparece até na hora em que estamos desistindo, e, como a flor se abrindo, nos traz um sentimento de honradez. Com sua energia plena, nos diz que tudo vale a pena.

É natural que exista a dúvida durante o caminhar. A mística nos faz acreditar que há outro lugar para além deste que a vista alcança. Mas cuidado, a mística também pode morrer; é só deixar de crer, de gostar e de querer.

---

[3] Este texto é uma das *Cartas de amor*, do mesmo autor.

Vive em nós enquanto há ânimo e curiosidade, como para ver nascimento. Faz-nos sentir que o tempo passa lento quando temos pressa, ou rápido demais quando está boa a conversa. Querer ficar e ir ao mesmo instante; estar próximos e em seguida bem distantes, mantendo sempre a lealdade na saudade submersa.

Mística não é um teatro, é atitude! Mantém a energia da juventude, mesmo quando envelhecemos. É como o tempo que ultrapassa as horas. Ela é a razão que nos faz ser herdeiros e herdeiras de sonhadores que nunca foram embora.

Sem mística pode-se andar, dar passos, mas nunca sentir o prazer de um forte abraço; para lutar e amar, precisa-se dispor do corpo inteiro.

A mística, enfim, é uma força crítica, que nos ajuda na prática política a garantir o rumo e a unidade. Mas de nada vale querer o socialismo se não cultivarmos o companheirismo, a alegria e a afetividade.

O compromisso da mística

O ser humano é altamente apaixonado. E, por ser apaixonado, sofre e se sacrifica conscientemente para modificar o rumo dos acontecimentos, porque é dotado de uma capacidade superior à dos animais. Ele tem a imaginação como força especial que o move para a frente. "O que distingue o pior arquiteto da melhor abelha é que ele figura na mente a sua construção antes de transformá-la em realidade".[4] Assim, podemos concluir que:

- o ser humano pode prever o que irá produzir;
- fazer é, antes, figurar na mente com responsabilidade o objetivo que nos propomos a construir;
- as diferentes imaginações levam a diferentes fazeres; por isso é importante respeitar princípios e programas;
- entre os seres humanos, os fazeres são diferentes porque os interesses e as motivações são diferentes.

Na luta de classes, as habilidades individuais podem ser diferentes; mas os interesses e os objetivos devem ser únicos para que a luta contra

[4] Marx, Karl. *O capital.* São Paulo: Bertrand Brasil. 15ª edição, 1996, p. 202.

os inimigos seja vitoriosa. As motivações devem estar voltadas para a causa. Se as motivações são diferentes, depende do projeto e dos seus condutores. Temos, então, dois tipos de motivações:

Motivações condicionadas

O que condiciona o comportamento social é a estrutura da própria sociedade. Cotidianamente, somos movidos por uma força estranha que está fora de nós, e que foi chamada por Marx de *fetiche*. Este nada mais é que a personificação das mercadorias ou a coisificação das pessoas que ficam "enfeitiçadas" ou temerosas diante das mercadorias e das instituições. Você já se perguntou por que vemos as instituições do Estado e nos submetemos a elas como se em si tivessem uma força de controle? Ou, que sentimos quando passamos por uma delegacia, uma igreja, uma escola, um hospital, um cemitério, um mercado, uma propriedade rural? Propositalmente estas motivações já estão orientadas para serem assim em cada ser social, porque:

- pensamos sobre o pensado. As estruturas já foram pensadas para serem assim. Cabe, no dizer da ordem, respeitá-las como são;
- quem determina quem somos e como devemos agir é a força do capital. Através dele se estabelece a divisão social do trabalho, dando nome e profissão aos diferentes fazeres. A função social nos condiciona a pensar e a ser pelo que fazemos;
- as funções sociais se orientam pela moral social e levam a determinados comportamentos sociais que reforçam o machismo e o preconceito.

Motivações de mudanças

As motivações para as mudanças sociais se alimentam da causa crítica que temos. A causa, por sua vez torna-se consciência na medida em que vamos edificando o projeto. Há momentos em que as causas perdem o sentido porque estagnamos na consciência. Deixamos de acrescentar conteúdo, e as contradições vão desaparecendo das análises.

A mística precisa da causa e da consciência. Sem elas não há compromissos. Não há razão de lutar. Não há permanência de projeto. Não há persistência das práticas. Também não haverá coerência nos comportamentos. Motivar é incendiar as consciências com o fogo da revolução.

É pôr vigor nas ações para que elas sejam maiores que a própria força.

Cada momento precisa ser motivado. A história da humanidade é feita de saltos de quantidade e qualidade. Às vezes, estes saltos levam séculos para acontecerem. Mas ninguém luta em vão. As forças revolucionárias têm a função histórica de espalhar sementes. As colheitas podem ser feitas pelas gerações que vêm depois. O ciclo da vida individual é muito curto para querer plantar e colher as revoluções ao mesmo tempo. Quando estas acontecem, com certeza, foram iniciadas por gerações antecedentes.

A motivação é a vontade de viver outro momento. Viver para além de si. Viver outro tempo. Queremos sempre fazer parte do futuro, mesmo que pareça tão distante. Quando o tempo demora a trazer as realizações, a maneira de fazermos parte do futuro é fazermos benfeito no presente.

Como conclusão, podemos dizer que mística é esperança. Quem luta deixa os seus desejos não realizados para as gerações futuras. A esperança é mais do que um sentimento; é uma causa a ser construída. Cada grupo, cada classe, cada povo, de seu modo e em cada tempo, faz a sua parte. A parte que nos cabe é viver e fazer neste tempo aquilo que dará condições de vida para as gerações futuras. Vivemos a serviço delas. Que elas exaltem, no futuro, com alegria, as gerações passadas que prepararam com amor o lugar onde deveriam viver seus descendentes.

A MILITÂNCIA DO SÉCULO 21

Ademar Bogo
setembro de 2005

O que é ser um militante?

O papel histórico de uma organização é interpretar os desafios que as circunstâncias apresentam e buscar resolvê-los. Estamos vivendo um tempo de perdas de alternativas, de ideias e iniciativas que levam, cada vez mais, a sociedade à barbárie. Há quem diga que não estamos herdando nada, porque a esperança, que poderia ser a força envolvente, tem perecido com as práticas perversas da política oportunista.

Houve, sem dúvida, nas últimas décadas, uma vitória do militante "administrador" e, portanto, funcionário da organização para cumprir as tarefas elementares. Este se distanciou profundamente do "quadro revolucionário", caracterizado por Che Guevara como "(...) um indivíduo que alcançou o suficiente desenvolvimento político para poder interpretar as grandes diretivas emanadas do poder central, incorporá-las e transmiti-las como orientação para as massas, percebendo, além disso, as manifestações que estas façam de seus desejos e suas motivações mais íntimas".[1]

[1] Ernesto Che Guevara. *Textos revolucionários*. São Paulo: Global, 1986, p. 45.

A organização é a base de tudo

O princípio definidor, para que possamos delinear as características do militante, é a organização. Ela "emana" as diretrizes que devem ser interpretadas e transmitidas; porém, é necessário conhecer quais são os desejos das massas e interpretar as suas motivações. A natureza político-ideológica da organização determinará as características da militância.

Não é difícil perceber isso na atualidade. Se a organização voltou as diretrizes de suas táticas para as disputas imediatas, não vê nenhuma importância na formação ideológica; não se preocupará em construir escolas para formar os seus militantes. Se a estratégia da conquista do poder é pela via legal, de nada interessará a prática conspirativa. E, se os meios para as disputas são os meios de comunicação e as elevadas somas financeiras, para nada servirá o acúmulo de forças.

Qualquer análise que fizermos deverá considerar a organização como esteio central que estabelece o ponto de referência para o comportamento de seus militantes. Não basta só ter um nível elevado de informações e conhecimentos; é preciso saber transformar este conhecimento em diretrizes que se combinem com os "desejos e motivações" das massas. Fora disso, todo conhecimento político é inútil.

A estrutura orgânica necessária

A estrutura da organização que tem a responsabilidade de responder aos anseios da sociedade está voltada também para a realização das tarefas históricas.

Quem melhor concebeu esta fórmula foi Antonio Gramsci, que viveu até a década de 1930 e descreveu a estrutura humana entrelaçada em três níveis:

Primeiro: um amplo contingente de pessoas com noção política que se orientam pela disciplina e pela fidelidade, e "não pelo espírito criativo e altamente organizativo".[2] Ele está falando de um contingente amplo, de massas, mas somente com este nível a organização jamais se constituiria.

Segundo: um grupo de menor coesão que tenha capacidade de centralizar as diretrizes. Tem a obrigação de ser vanguarda, marchar à fren-

---

[2] Antônio Gramsci. *Poder, Política e Partido*. São Paulo: Brasiliense, 1992, p. 20.

te, tomar iniciativa e ser exemplo. Este nível, também sozinho, não constituiria uma organização porque não poderia ser formado somente com a direção.

Se juntarmos estes dois níveis, poderíamos ter um movimento de massas com, pelo menos, capacidade de mobilização. Mas falta ainda o principal a ser constituído num nível intermédio.

Terceiro: é o nível capaz de articular o primeiro nível com o segundo, pondo os dois níveis em contato "não só 'físico', mas moral e intelectual".[3]

Estamos, então, diante de dois novos elementos importantes; não basta só aplicar o princípio de "vinculação com as massas"; é preciso que este vínculo seja "moral e intelectual". Ou seja, o fator determinante, para que o pensamento ganhe força, é um coerente comportamento moral, uma nova moral que instrua para a emancipação das massas.

Este elemento intermediário de militantes, fundamental para que a estrutura da organização se mova, é captado também por Che Guevara, arguto formador da concepção de que "o quadro é a coluna vertebral da organização". Sem ele não haverá estrutura orgânica. As lutas se desenvolvem, mas a consciência não, pois falta o primordial: a coordenação política ordenada de acordo com os princípios políticos e ideológicos estabelecidos.

Não é possível enfrentar as forças de repressão sem uma coluna vertebral que esteja encarregada de organizar os movimentos das massas com táticas de autodefesa, elevando sua qualidade ofensiva para devolver os golpes e se manter intacta.

O militante é, então, aquele que está em sintonia com as diretrizes de sua organização e, sob esta linha, cria e envolve as demais forças para que se empenhem na recriação e no fortalecimento dos planos de ação, seja nos três níveis, conforme Gramsci, ou na coluna vertebral de Che.

A organização constrói o objetivo

Mao Tse-tung fortalece ainda mais esta ideia da organização, mas a coloca voltada para o objetivo a ser construído. "Para dirigir uma gran-

---

[3] *Ibid.* p. 21.

de revolução, necessita-se de um grande partido e muitos quadros de excelente qualidade".[4]

Chama a atenção o sentido de "grande". Esta organização deveria estar em todo o país. Aí está o princípio de sua grandeza, pois, já de início, deixa de ser corporativa e localizada. Uma revolução é uma obra imensa; não pode ser dirigida por uma organização mesquinha, oportunista, sem firmeza política, porque os quadros devem ter "excelente qualidade". Não poderia ser "um grupo reduzido e estreito" e nem ter líderes de "espírito pequeno".

Os quadros de "excelente qualidade" deveriam ter não só boas características, mas torná-las um estilo de trabalho:

> Eles devem ser quadros e dirigentes sabedores do marxismo-leninismo, com uma visão política ampla, competentes no trabalho, penetrados de espírito de sacrifício, capazes de, por si próprios, solucionar os problemas, inabaláveis diante das dificuldades, leais e devotados no serviço da nação, da classe e do partido (...) Tais quadros e dirigentes devem ser destituídos de todo o egoísmo, de todo o heroísmo individualista, ostentação, indolência, passividade e sectarismo arrogante; devem ser desinteressados heróis de sua própria nação e da sua classe.[5]

Esta, portanto, é a síntese do que é um militante: é alguém capaz de aprofundar suas qualidades e torná-las "estilo de trabalho" próprio.

Sofremos um profundo corte na ligação entre uma geração e outra. Ao mesmo tempo em que estamos próximos de muitos lutadores que pegaram em armas na década de 1960, estamos próximo das organizações partidárias que ou avançam para a desmoralização ou estão distante da organização das massas, por terem adotado táticas impróprias para fazer a revolução brasileira.

A formação e a multiplicação dos quadros não é prioridade de muitas organizações. A academia fechou-se para a luta de classes, e os movimentos de massas perderam a batalha das reformas. Esta época exige muito mais dos militantes que almejam manter acesa a chama da revolução.

---

[4] Mao Tse-tung. "O proletário vermelho", *in: Obras*, v. 2. Lisboa: 1975, p. 247.
[5] *Ibid*, p. 247 e 248.

Como formar o militante do século 21?

Toda organização deve ter e procurar formar seus militantes de acordo com os princípios políticos e filosóficos que estabelece. Toda organização precisa ter os seus intelectuais "orgânicos".

Cada grupo social tem como necessidade criar "uma ou mais camadas de intelectuais. O empresário capitalista cria consigo o técnico da indústria, o cientista da economia política, o organizador de uma nova cultura, de um novo direito etc."[6] Lógico que este conhecimento precisa ser mais amplo do que a área específica em que cada um atua. Uma camada, dentre todos estes conhecedores, deterá um nível de conhecimento maior do Estado e da sociedade e se proporá a tarefa de dirigi-la.

A força de uma organização tem como base dois polos: um, é o nível de elaboração intelectual de sua militância; o outro, a capacidade de agir sobre a realidade. Sem estudo, é praticamente impossível conduzir corretamente as ações por um longo período.

Resgate da herança histórica

É preciso aprender com as organizações do passado a lidar com os desafios de nosso tempo. Este aparente vazio pode ser também um alento para a renovação de comportamentos. Aquilo que se costuma chamar de "velha esquerda" tem muito de ensinamentos e sinais de combatividade que não pode sumir do imaginário, mas tem também aspectos de disputas e enfrentamentos entre grupos que impediram de ver, em determinadas épocas, quais eram os inimigos de classe.

Muitas disputas ocorriam para manter o conteúdo dos conceitos na linha revolucionária evitando o revisionismo. Mas estas brigas chegavam a tal grau que as pessoas da mesma classe e da mesma organização não se toleravam, perseguiam-se como se fossem inimigos, e talvez fossem.

Os desafios do século 21

Os desafios que a humanidade enfrenta são imensos. A luta de classes se dilui. A tecnologia condiciona a forma de pensar. O conhecimen-

---

[6] Antonio Gramsci. Cadernos do cárcere. V. 2. Carlos Nelson Coutinho. Rio de Janeiro: Civilização Brasileira, 1999.

to evolui e efetua novas descobertas que levam ao descrédito posturas tradicionais, dogmáticas.

Não há como formar bons militantes fora da prática. Mas a prática precisa estar voltada para os desafios. Ao fazer determinada ação consciente, o ser humano põe em prática o seu poder de decisão. Corre riscos, desafia os obstáculos e reelabora os planos sempre que os achar insuficientes. No trabalho e, portanto, no fazer é que tem origem a formação do militante.

É fundamental aprender a combinar ação e reflexão. "A práxis é a atividade concreta pela qual os sujeitos humanos se afirmam no mundo, modificando a realidade objetiva e, para poderem alterá-la, transformando-se a si mesmos".[7] Não nascemos militantes; nos fazemos militantes e poderemos deixar de sê-lo no momento em que deixamos de nos transformar.

Neste sentido, o desafio da burocracia, do dogmatismo, do sectarismo e todos os vícios são prejudiciais à formação do militante. Eles impedem que este ser se modifique e evolua como um novo ser social e humano.

A sociedade continuará cada vez mais em crise. O capitalismo não será capaz de resolver suas próprias contradições. Por isso, precisamos de bons quadros que saibam interpretar e transformar a realidade.

Que características deve ter o militante do século 21?

O militante deve saber como enfrentar os profundos desequilíbrios culturais impostos pela ideologia da classe dominante, que falsifica o verdadeiro sentido de suas intenções. A velha esquerda era "espectadora artística". O século 21 exige que a militância assuma esta tarefa de politizar, mas, também, de animar as massas. A arte é patrimônio da classe trabalhadora, por isso tem um sentido coletivo.

O militante de nosso tempo precisa aprender a lidar com as emoções, não apenas as de revolta, mas no sentido de descobrir que um ser

[7] Leandro Konder. *O futuro da filosofia da práxis. O pensamento de Marx no século XXI*. São Paulo: Paz e Terra, 1992, p. 115.

humano tem razão e coração interligados. As ideias não nascem nem sobrevivem sem os sentimentos.

Deve o militante saber cuidar da cultura, da consciência, dos símbolos e das comemorações. Mas, acima de tudo, deve empenhar-se em cuidar da revolução. Viver para ela como se espera por alguém que chegará e precisará de atenção.

Cuidar das pessoas que lutam; elas têm as mesmas necessidades que um ser comum. Não só as tarefas devem ser distribuída; interessa também a satisfação em cumpri-las.

As relações humanas que fomentam o preconceito e as exclusões devem ser duramente combatidas. Homens e mulheres neste século terão as batalhas mais duras a serem disputadas com a tecnologia, as armas químicas e biológicas e o poder das empresas do Império.

A democracia não pode ser vista como a vontade da maioria, mas, sim, como a consciência da maioria transformada em vontade de tornar decisões em ações práticas. Praticar é saber formular métodos de acordo com a realidade. Para isso é preciso treino. Aprender fazer compreendendo como se faz.

A participação é a essência da democracia. Quando uma parte participa e a outra não, os que decidem se enganam que estão dirigindo porque não têm a força de implementar as decisões.

O bom militante não é aquele que representa a massa, mas aquele que a faz representar-se. É aquele que dá a primeira palavra, mas, também, é o que ouve a última e faz a síntese.

É aquele que convida, visita e acalenta. Atende aos chamados e empenha tempo para convencer os desanimados.

Cuida do bem-estar dos outros e se coloca à disposição para qualquer tipo de serviço. Explica com paciência as decisões e encaminhamentos e busca, através do convencimento, reproduzir as ideias aprovadas.

Verifica se a renda familiar é suficiente para que levem uma vida com dignidade. Socorre nas dificuldades e convoca a coletividade para ações de solidariedade.

Orienta os jovens para que estes acreditem em si próprios e se coloquem à disposição da história.

É um cultivador da memória como parte constitutiva do patrimônio político, ideológico e cultural.

Empenha-se em desvendar a verdade; não se deixa levar por impressões. Mantém a serenidade frente às disputas internas para garantir o direito de defesa e a busca de solução das questões.

Respeita os direitos individuais e, por isso, atua com rapidez para que as relações não sejam desgastadas pela protelação das decisões a serem tomadas.

Nas ações concretas, fortalece os valores. Incentiva a prática da solidariedade e dá exemplo. Realiza o trabalho voluntário permanentemente e combate os vícios em si antes de exigir qualquer correção nos outros.

Presta contas dos gastos por mais simples e insignificantes que sejam. Mantém separados os gastos pessoais e os da organização. Explica por que e como adquiriu objetos de uso pessoal.

Acredita no poder de reabilitação e insiste nas tentativas, sem deixar de cumprir as normas estabelecidas ou respeitar os princípios da organização.

Participa das místicas, das jornadas culturais e incentiva os demais militantes a fazerem o mesmo. Utiliza a arte, a música, a poesia e o teatro como recursos didáticos para a educação política e para as diversões.

Mantém viva a memória histórica e valoriza cada gesto significativo daqueles que realizam bem suas tarefas.

Produz e combate a ociosidade. Enfrenta os perigos, cuida da vida e da saúde, tanto sua quanto a de todos que lidera. Sabe que um militante, quanto menos fica doente, mais energias tem para enfrentar os inimigos.

O militante do século 21 deve ser um ser humano que vive como os demais de sua classe. Deve cuidar-se de todos os requintes e privilégios. Como disse Mao Tse-tung: "É proibido festejar o aniversário dos dirigentes do partido. Igualmente é proibido dar o nome dos dirigentes do partido a localidades, ruas ou empresas. Devemos manter o nosso estilo de vida simples e de luta dura, assim como cerrar o passo à adulação e aos elogios exagerados".[8]

Devemos confiar que a transformação da sociedade virá. Enquanto houver vida, haverá história.

---

[8] Mao Tse-tung. "Métodos de trabalho dos comitês do partido". *In: Teoria da organização política*. Ademar Bogo (org.). São Paulo: Expressão Popular, 2005, p. 381.